PARENT ZEN

Éditrice: Émilie Mongrain
Infographie: Chantal Landry
Révision: Élyse-Andrée Héroux
Correction: Lucie Desaulniers et Céline Vangheluwe

DISTRIBUTEURS EXCLUSIFS:

Pour le Canada et les États-Unis:
MESSAGERIES ADP*
2315, rue de la Province
Longueuil, Québec J4G 1G4
Téléphone : 450-640-1237
Télécopieur: 450-674-6237
Internet: www.messageries-adp.com
* filiale du Groupe Sogides inc.,
filiale de Québecor Média inc.
Pour la France et les autres pays:
INTERFORUM editis
Immeuble Paryseine, 3, allée de la Seine
94854 Ivry CEDEX
Téléphone : 33 (0) 1 49 59 11 56/91
Télécopieur: 33 (0) 1 49 59 11 33
Service commandes France Métropolitaine
Téléphone : 33 (0) 2 38 32 71 00
Télécopieur: 33 (0) 2 38 32 71 28
Internet: www.interforum.fr
Service commandes Export – DOM-TOM
Télécopieur: 33 (0) 2 38 32 78 86
Internet: www.interforum.fr
Courriel: cdes-export@interforum.fr
Pour la Suisse:
INTERFORUM editis SUISSE
Case postale 69 – CH 1701 Fribourg – Suisse
Téléphone : 41 (0) 26 460 80 60
Télécopieur: 41 (0) 26 460 80 68
Internet: www.interforumsuisse.ch
Courriel: office@interforumsuisse.ch
Distributeur: OLF S.A.
ZI. 3, Corminboeuf
Case postale 1061 – CH 1701 Fribourg – Suisse
Commandes:
Téléphone : 41 (0) 26 467 53 33
Télécopieur: 41 (0) 26 467 54 66
Internet: www.olf.ch
Courriel: information@olf.ch
Pour la Belgique et le Luxembourg:
INTERFORUM BENELUX S.A.
Fond Jean-Pâques, 6
B-1348 Louvain-La-Neuve
Téléphone : 32 (0) 10 42 03 20
Télécopieur : 32 (0) 10 41 20 24
Internet: www.interforum.be
Courriel: info@interforum.be

02-14

Dépôt légal: 2014
Bibliothèque et Archives nationales du Québec

ISBN 978-2-7619-4060-3

Gouvernement du Québec – Programme de crédit d'impôt pour l'édition de livres – Gestion SODEC – www.sodec.gouv.qc.ca

L'Éditeur bénéficie du soutien de la Société de développement des entreprises culturelles du Québec pour son programme d'édition.

Conseil des Arts du Canada | Canada Council for the Arts

Nous remercions le Conseil des Arts du Canada de l'aide accordée à notre programme de publication.

Nous reconnaissons l'aide financière du gouvernement du Canada par l'entremise du Fonds du livre du Canada pour nos activités d'édition.

BRIGITTE DURRUTY | CATHERINE SCHWENNICKE

PARENT ZEN

Comprendre le stress pour rétablir l'harmonie en famille

LES ÉDITIONS DE L'HOMME
Une société de Québecor Média

Pour ce qui est de l'avenir, il ne s'agit pas de le prévoir mais de le rendre possible.

ANTOINE DE SAINT-EXUPÉRY

Avant-propos

Chaque narration est une allégorie qui peut permettre à un autre humain d'être touché par une image, inspiré par un mot, une idée, un modèle. Car un récit est une occasion de prendre conscience de quelque chose de nouveau, de pousser une porte pour faire une découverte, de partager une expérience et de créer un changement.

J'ai moi-même si souvent appris des livres dont je me nourris quotidiennement et des témoignages des autres qu'il m'a semblé naturel et évident de prendre le relais. L'amitié instantanée qui s'est créée lors de ma rencontre avec Catherine Schwennicke et qui a accéléré un changement de cap dans ma vie a donné naissance, en 2011, à un projet commun : partager notre passion et allier nos compétences au travers d'un livre.

Quelle passion ?

Celle qui fait que nous aimons observer, écouter, comprendre, expliquer, appréhender les humains, et leur permettre de s'épanouir et de bien vivre ensemble. Mais aussi ce cri du cœur qui nous pousse, depuis la nuit des temps, à aimer nos proches et à vouloir mieux les entendre.

À la fin des années 1990, Catherine s'engage dans le coaching parental. Il y a une dizaine d'années, elle découvre, grâce à Jacques Fradin et à l'Institut de médecine environnementale, un modèle qui s'appuie sur les explorations les plus récentes en sciences de la psychologie pour expliquer les comportements humains. Psychologue de métier, elle se perfectionne avec cette approche, devient l'une des pionnières de l'Approche neurocognitive et comportementale (ANC) et forme des professionnels de l'humain. Quand je découvre à mon tour ce modèle, il y a quelques années, je prends conscience que mes réactions deviennent plus souples, que j'arrive à mieux comprendre mes attitudes et celles des autres. J'apprends à cerner ce qui coince entre deux personnes ou pourquoi ça coince et, cerise sur le gâteau, à pouvoir, d'une certaine manière, « aligner » ma tête, mes actions et mon cœur.

Comment résister alors à la demande de Catherine d'écrire un livre sur sa pratique et sur cette approche ? Si, comme le dit Matthieu Ricard[1], « le bonheur est une manière d'être et que les manières, ça s'apprend », nous sommes ravies de vous transmettre un peu de ce précieux cadeau par le biais de cet ouvrage.

En vous souhaitant une belle lecture, beaucoup de légèreté et un peu plus de joie au jour le jour,

Brigitte Durruty

1. Moine bouddhiste français, écrivain, docteur en génétique cellulaire, photographe, traducteur officiel du Dalaï-Lama, souvent cité comme « l'homme le plus heureux au monde ».

La folie, c'est de se comporter de la même manière et de s'attendre à un résultat différent.

ALBERT EINSTEIN

Introduction

Chercher le bonheur en dehors de nous,
c'est comme attendre le soleil
dans une grotte orientée nord.

ADAGE TIBÉTAIN

Être heureux avec nos enfants et traverser sereinement avec eux les épreuves de la vie, c'est le souhait de la plupart d'entre nous. Mais embrasser la complexité de nos vies modernes tout en goûtant simultanément aux joies de la famille ne semble pas toujours facile. Sérénité et modernité sont-elles compatibles ?

Nous pensons que oui. Nous pensons qu'il est possible d'éduquer sereinement nos enfants, tout en respectant nos valeurs personnelles, sans pour autant être coupés des réalités du XXIe siècle. Nous pensons qu'il est concevable de façonner ensemble un quotidien plus humain, plus serein, un monde moins stressé.

Au travers de nos expériences de vie, nous avons observé que l'ignorance de la cause réelle de nos problèmes nous incite à reproduire inlassablement les mêmes erreurs, tout en provoquant en nous un sentiment d'impuissance. À l'inverse (et ce livre tentera de vous éclairer là-dessus), nous pensons que la compréhension est une des clés fondamentales qui permettent le changement. Les avancées scientifiques, notamment en neurosciences, nous offrent aujourd'hui la possibilité de mieux comprendre nos comportements, nos émotions, notre stress et la source de nos blocages, qui représentent les freins à une évolution possible. Bien que nous ne soyons qu'à l'aube de grandes découvertes dans ce domaine, nous pouvons déjà, grâce à elles, expliquer ce qui, hier, n'était que de l'ordre de l'intuition. De la compréhension découle souvent la prise de conscience et, de là, le changement.

Notre intention n'est pas de vous donner dans ce livre des recettes concernant l'éducation des jeunes, car nous savons qu'il existe de nombreux ouvrages spécialisés qui traitent ces sujets de manière pertinente et complète. Nous n'allons pas non plus vous fournir le modèle à suivre, car nous ne sommes pas le spécialiste de votre famille : vous l'êtes ! En tant que parent, vous êtes le capitaine du bateau. Notre expérience nous a enseigné que, d'ordinaire, chacun finit par trouver des solutions et par se sortir des situations problématiques. Bref, globalement, nous savons régler tout seul la relation avec nos enfants. Ce qui nous manque, c'est de pouvoir rester calmes et cohérents, aux commandes de notre navire, quand nous nous sentons dépassés par une situation.

Notre ambition est de vous aider à prendre du recul dans les situations de crise, les conflits, les tensions ou, plus simplement, dans les tracas de tous les jours. En apportant une explication, simplifiée et accessible à tous, de notre fonctionnement mental – et non une description rigoureuse, neuroscientifique et exhaustive –, nous espérons favoriser l'émergence d'un état d'esprit plus conscient, plus apaisé et plus engagé, qui vous aidera à inventer un quotidien léger. Nous souhaitons vous enseigner à recruter la partie la plus « intelligente » de votre cerveau, celle qui amplifie vos pistes d'actions dans des situations inattendues et complexes, afin de vous montrer comment garder le cap au milieu de l'orage. Pour reprendre la métaphore de l'homme dans le désert, nous pensons qu'il est plus utile de vous enseigner à trouver de l'eau en toutes circonstances que de vous donner à boire.

Pour cela, nous vous expliquerons d'où vient le stress, comment il s'exprime chez nous, humains, et en quoi il peut entraver notre quotidien. Nous verrons comment nos attitudes répondent à la logique de plusieurs « systèmes » ainsi que leurs conséquences sur nos actions et nos pensées. Cette explication se fera au moyen d'une grille de lecture, l'*Approche neurocognitive et comportementale* (A.N.C.)[2] élaborée par Jacques Fradin[3], docteur en médecine, comportementaliste et cognitiviste, et son équipe de chercheurs de l'Institut de médecine environnementale de Paris. Cette approche vise à mettre en lumière les causes de nos comportements, ce qui permet de mieux comprendre nos réactions et celles de nos enfants, et d'apporter ensuite de nouvelles pistes de communication au sein de la famille.

Nous vous présenterons quelques outils pratiques qui vous permettront de vous exercer à changer votre façon d'agir, à retrouver votre calme et à évoluer vers plus de sérénité. Rappelons-nous toutefois que l'humain est complexe. Un livre à

---

2. Le modèle que nous vous présentons ici a été élaboré par Jacques Fradin et Fanny Fradin. Il est décrit plus en détail dans *La thérapie neurocognitive et comportementale (TNCC)*, Publibook, 1992, ou encore dans Jacques Fradin, *L'intelligence du stress : mieux vivre avec les neurosciences*, Paris, Eyrolles, 2008. Voir également les références scientifiques relatives à cette approche qui sont fournies dans la bibliographie.
3. Jacques Fradin est membre de l'Association française de thérapie comportementale et cognitive. Il dirige l'Institut de médecine environnementale (IME) qu'il a fondé à Paris en 1987. Il y anime une équipe de recherche en neurosciences cognitives et comportementales, en partenariat avec l'Université de Paris 8 et l'Institut de recherche biomédicale des armées - Antenne IMASSA (Institut de médecine aérospatiale du Service de santé des armées). Il agit comme expert auprès des entreprises et des institutions et il intervient comme conférencier lors d'événements scientifiques ou professionnels.

lui seul ne peut répondre à toutes les questions. Nous suggérons des pistes d'actions et, comme nous avons fait le choix d'une lecture facile, nous n'évoquerons certains sujets que sous certains aspects seulement.

Nous avons choisi d'illustrer nos propos avec des histoires et des témoignages pour vous permettre de lier plus aisément nos explications à votre vécu. Nous avons aussi voulu que les illustrations que fournissons soient simples, car elles ne visent qu'à faciliter la compréhension d'un modèle.

CHAPITRE 1
Être parent

Qui cherche des difficultés en trouve toujours.

PROVERBE

Une des aventures les plus étonnantes que nous puissions vivre en tant qu'humains est probablement celle de donner la vie. Mais être parent, quelle responsabilité !

Qui d'entre nous n'a pas, à un moment ou un autre, perdu pied face aux demandes et aux questions inattendues de son enfant chéri, ou face aux attitudes et aux comportements surprenants de son adolescent tant aimé ? Qui ne s'est jamais arraché les cheveux dans son rôle de parent ? Et qui n'a jamais imaginé le pire, alors qu'il s'agissait d'un simple contretemps, d'une complication sans conséquence qui ne justifiait peut-être pas tant d'émotion ? Guère facile d'être parent sans en perdre son latin de temps en temps, sans douter du chemin à suivre.

Savoir que nous ne sommes pas les seuls à chercher désespérément la notice explicative peut procurer un certain réconfort…

LA FLÈCHE DOULOUREUSE DE L'ÉMOTION NÉGATIVE

Quand nous avons demandé aux personnes qui nous entourent : « Qu'est-ce qui vous pose problème dans votre relation à vos enfants ? », nous avons obtenu autant de réponses qu'il y avait de parents, même si certains sujets se recoupaient. Les thématiques allaient de l'impertinence et de l'irrespect des règles au conflit ou à la violence, de la non-écoute à la rupture du dialogue. On nous a aussi parlé du manque de confiance, de l'échec répétitif, de la démotivation ou du décrochage qui peuvent aller jusqu'à l'isolement. Parents et enfants nous ont raconté la peur de l'avenir qui, parfois, peut devenir angoisse et miner la perception des événements. Les uns se sont plaints d'une nonchalance qui ressemble à s'y méprendre à du laxisme ; les autres, d'une incompréhension qui les isole, d'une société « inhumaine » qui va trop vite. Comment gérer la douleur d'une séparation ? Comment accompagner son enfant dans la maladie ou le handicap ? Comment faire face aux injustices, à la violence ?

Comme nous voulions écrire un ouvrage qui éclaire les parents, l'aborder sous l'angle des solutions à apporter à chaque problématique nous a semblé un puits sans fond, d'autant plus que l'humain est complexe, très complexe. À défaut de pouvoir dresser une liste exhaustive, nous avons recherché le dénominateur commun de toutes ces situations qui deviennent, à un moment donné, un « problème ». À l'unisson, les parents nous ont répondu : « Le fait qu'on ne se sente pas bien… et le malaise qui en découle. »

Les personnes que nous avons interrogées se sont décrites comme étant alors tendues, agacées, nerveuses ou inquiètes. Parfois, elles se sentent découragées et, dans tous les cas, mal physiquement et émotionnellement. Les parents que nous avons rencontrés[4] le confirment d'une même voix: «Sous l'emprise de ses émotions, on n'y voit plus aussi clair. On est touché, dépossédé d'une partie de ses moyens, emmêlé dans l'écheveau de ses émotions. On réagit à chaud, et on le regrette parfois un peu après… » Ils avouent même qu'ils «perdent un peu de leur lucidité et de leur capacité à réagir intelligemment». Et quand nous sommes dépassés, nous avons coutume de dire que «nous avons un problème». Certains parents nous ont expliqué qu'à la longue, s'ils n'arrivent pas à prendre du recul, cela finit par peser lourd et même, parfois, par envahir leur quotidien jusqu'à les submerger. La nervosité s'installe, les «coups de gueule» deviennent journaliers, les angoisses surgissent, de même que les migraines, les maux de ventre, les allergies, l'insomnie…

Nous sommes généralement d'accord pour dire qu'avec un état d'esprit «de fermeture», nous sommes peu aptes à trouver des solutions. Nous nous sentons «coincés, peu efficaces, surréactifs, pas à l'écoute». Nous savons que nous manquons de subtilité, que nous cherchons à convaincre plutôt qu'à ouvrir le débat. Nous pouvons même être «dépassés par les événements, ne plus savoir quoi faire et nous avons l'impression de subir les choses, de nous enfermer dans un cercle vicieux, de nous user dans des stratégies répétitives, bien souvent stériles ou improductives». Voilà ce que nous ont confié bien des parents.

À l'inverse, tant qu'une situation est «bien» vécue émotionnellement, c'est-à-dire que nous arrivons à garder notre sang-froid, nous la voyons comme un aléa de la vie, comme un défi à surmonter, peut-être parfois comme une épreuve. La situation n'est pas vécue comme un problème; nous l'acceptons comme faisant partie de notre réalité du moment et nous multiplions les stratégies pour y faire face. Tant que nous maîtrisons nos

4. Les propos des parents que nous relatons ici ont été recueillis au cours des formations que Catherine Schwennicke anime depuis 2000, de coachings ou d'échanges sur la problématique parents-enfants, et représentent un échantillon de plus de 3 000 personnes.

émotions, nous restons à l'écoute de nos enfants, nous acceptons de voir la situation même si elle ne nous plaît pas et nous recherchons des solutions. Toutefois, c'est une position que nous adoptons plus facilement face aux maux des autres; nos émotions n'entrant pas en jeu, nous restons plus objectifs et plus neutres.

LE PIÈGE DE L'IMPLICATION ÉMOTIVE

Ce qui nous a le plus frappées lors de ces échanges, c'est la capacité que les humains ont en général, et les parents en particulier, de prendre facilement de la distance face aux problèmes des autres – et de s'engluer dans leurs propres problèmes ! Eh oui ! Quand il s'agit du voisin, nous bourgeonnons de réponses créatives. Nous prenons aisément du recul, nous voyons la situation d'une manière posée et nous trouvons d'autres pistes. *A contrario*, quand ce même sujet touche l'un des nôtres, on dirait que nous perdons immédiatement une partie de nos facultés d'analyse… et notre capacité à conserver notre calme…

Chantal nous livre ce témoignage, semblable à celui de tant d'autres parents : « Quand il s'agit de mes enfants, bien qu'ils soient majeurs et vaccinés, je me pose tout le temps des questions sur l'aspect judicieux de mes décisions. Les émotions ont tendance alors à parasiter mes réactions. Je bascule très vite dans le doute, la culpabilité ou l'inquiétude : "Ai-je fait ce qu'il fallait ?" »

Frederik avoue à son tour, avec sincérité : « Avec les enfants des autres, je reste calme et peu de choses me heurtent fortement. Il est rare que je perde mon sang-froid. Avec mes enfants, c'est tout le contraire. Un mot, une phrase, et je suis contrarié. Je constate que je suis beaucoup plus attentif à une foule de petits détails, qui ont d'ailleurs le don de m'agacer : comment ils se tiennent, ce qu'ils disent, leurs mots (et surtout leurs gros mots), ce qu'ils ont fait ou ce qu'ils n'ont pas fait. Alors qu'avec les enfants des autres, je suis plus *relax* et je les prends dans leur globalité. Quand tel ado m'est sympathique, je lui pardonne aisément ses écarts de langage. En vous racontant comment je suis, je prends conscience que je suis beaucoup plus dur avec mes enfants qu'avec ceux des autres. Et, surtout, je les juge à tout moment. »

Pourquoi une telle différence d'attitude ? Peut-être y voyons-nous plus clair dans les problèmes des autres que dans les nôtres ? Serions-nous meilleurs conseillers « désimpliqués » qu'impliqués ? Ah, cet amour qui nous enserre ! Ah, ces émotions qui nous empoignent et nous embrasent ! Bien entendu qu'avec les proches, nous sommes plus facilement touchés, donc affectés ! Face à la chair de notre chair, nous sommes emportés par une puissante vague émotionnelle. Nous démarrons sur les chapeaux de roues, nous y perdons un peu de notre savoir-faire et nous mettons de côté notre beau savoir-être... Nous stressons...

Pourquoi ? Parce que, lorsque nous sommes impliqués, nous réagissons émotionnellement. Et quand il s'agit des enfants des autres, qu'en est-il ? Comme nous ne sommes pas impliqués ou que nous le sommes moins qu'avec nos enfants, nous prenons plus facilement du recul. Nos réponses sont moins, ou même ne sont pas du tout, gouvernées par nos émotions.

Dans une même situation, nous réagissons donc de deux manières. La première réaction, émotionnelle, nous implique et nous met « sous tension » ; elle jugule notre sens de la relativité, nous poussant à simplifier, à généraliser, à exagérer, à radicaliser. La deuxième attitude, plus distanciée, nous incite à prendre un peu de recul, à être plus neutres et à percevoir le problème dans sa globalité ; les solutions que nous envisageons dans ce deuxième cas sont plus adaptées parce qu'elles tiennent compte de l'ensemble du contexte, et non pas seulement de notre point de vue du moment et de notre émotion enflammée. Bonne nouvelle ! Car cela veut dire que, même face à des situations complexes, nous sommes capables de faire preuve d'une curiosité éveillée et de communiquer efficacement avec les autres.

Bref, pour en revenir à la liste des difficultés auxquelles nous sommes confrontés en tant que parents, il semblerait que ce ne soit pas tant des situations bien précises qui nous posent problème, mais plutôt la manière dont nous les vivons : quand nous stressons, quand l'émotion négative s'en mêle, rien ne va plus…

Nous aspirons tous à moins de stress et à plus de ressources. La piste que nous allons suivre au fil de ces pages va consister d'abord à comprendre le stress et les émotions qui y sont liées. Nous allons ensuite déchiffrer ce qui favorise un état d'esprit serein pouvant activer notre créativité et notre courage, nous donner de l'énergie et nous permettre de trouver des solutions adaptées.

RESSENTI, COMPORTEMENT ET PENSÉE : UN TRIANGLE TENACE

Allons faire un premier tour du côté des émotions. Grâce à la connaissance que nous avons aujourd'hui du fonctionnement cérébral, nous savons que les émotions que nous ressentons influencent nos comportements et les pensées qui nous traversent l'esprit – et vice versa. Si nous sentons de l'énervement (émotion), nous serons tendus (comportement) et penserons que celui qui nous agace a tort (pensée). Ce n'est pas tellement que l'autre ait tort, c'est nous qui sommes énervés ! Un ressenti de nervosité (agacement, colère, etc.) induit un comportement agressif et des pensées agressives qui nous préparent au combat. Ces trois paramètres sont intimement liés et s'influencent l'un l'autre. Nos pensées, nos ressentis et nos comportements sont toujours teintés de la même couleur et sont le reflet de notre état d'esprit.

Pour preuve, avez-vous déjà été découragé par l'attitude d'un de vos enfants et pensé de façon guillerette tout en vaquant à vos occupations : « Chouette, je n'ai pas le moral, la vie est belle » ? Ou bien, alors que vous étiez angoissé face à l'un de leurs échecs, vous est-il arrivé d'être décontracté et de penser : « J'ai confiance. Tout va bien se passer » ? Si vous êtes en colère contre votre fils qui fait le contraire de ce que vous lui demandez, les pensées qui vous traversent l'esprit à ce moment précis sont-elles de l'ordre de : « Il a raison, j'ai tort » ?

Rarement, pour ne pas dire jamais ! Car, nous le répétons, ces trois paramètres sont étroitement liés entre eux. Ils découlent l'un de l'autre, se renforcent et constituent la logique de notre fonctionnement. Pour preuve de ce lien étroit, faites un petit exercice : imaginez que vous avez demandé à votre fils de 14 ans, parti « étudier » chez un copain, de rentrer à 19 heures. À 20 heures, vous constatez qu'il n'est toujours pas rentré. Voici deux réactions possibles :

Dans le premier cas, vous imaginez qu'il lui est arrivé quelque chose. Vous penserez probablement : « Où est-il ? Pourquoi n'est-il pas rentré ? Que lui est-il arrivé ? » Vous ressentez une appréhension ou de la peur, ou même une forte angoisse. Votre comportement est agité, troublé et confus. Quand il rentrera, vous l'accueillerez la gorge nouée ou les larmes aux yeux en lui demandant avec inquiétude ce qui lui est arrivé.

Dans le deuxième cas, vous imaginez qu'il traîne chez son copain. Vos pensées sont de l'ordre du : « Il se fout de moi ! Il exagère ! Comment ose-t-il ! » Vous ressentez de l'irritation, de l'énervement ou de la colère. Votre comportement est tendu, mordant et agressif. Quand il arrivera, vous le gronderez probablement avant même qu'il vous ait dit bonjour.

Dans les deux cas, la situation est la même : vous êtes sans nouvelles de votre fils et ne savez pas ce qu'il fait. Mais suivant le film que vous vous projetez, vos pensées, vos émotions et votre comportement diffèrent.

Quand nous sommes sous l'emprise du stress, nos pensées sont liées et limitées à notre stress, et cela se reflète dans nos comportements. C'est tout notre organisme qui s'inscrit dans la cohérence d'un même état :

- Inquiets, nous pensons « qu'il a dû arriver quelque chose » : notre attitude est agitée, décousue ;
- Énervés, nous pensons que « nous avons raison » et que « l'autre a tort » : nous adoptons une attitude agressive, tendue et survoltée ;
- Découragés, nous pensons que « ça n'ira jamais » : nous sommes apathiques et manquons d'énergie.

Nous agissons sous l'impulsion de réactions stéréotypées, nous sommes bloqués dans un triangle : pensées de stress/comportements stressés/émotions négatives.

Inversement, quand nous sommes calmes, nos pensées sont multiples, nous agissons avec discernement et adoptons un comportement fluide, souple, ouvert sur le monde, les autres et la différence. Nous avons le loisir de choisir dans un large éventail de stratégies et retenons celle qui nous apparaît comme la plus adaptée. La route que nous vous proposons dans ce livre s'appuie sur la puissance de ce triangle pensées/comportements/émotions et consiste à se mettre le plus souvent possible dans un état d'esprit créateur de pensées apaisées qui induisent des comportements adaptés et des émotions positives.

De nombreuses approches psychologiques ainsi que la plupart des techniques de gestion de conflit, de communication ou de méditation et de relaxation, et même certaines philosophies, se basent sur la connaissance de ce lien indissociable entre le ressenti, le comportement et la pensée. Elles s'appuient sur le fait que la commutation de l'un de ces trois piliers entraîne un changement d'état d'esprit, une ouverture. Lorsque vous vous sentez énervé, demandez-vous pourquoi vous voulez avoir raison à tout prix. Demandez-vous quels sont les côtés positifs et aimables de la personne qui vous fait face. Observez ensuite comme il est difficile de rester en colère.

Ou changez votre attitude corporelle : ouvrez votre cage thoracique quand vous êtes stressé, respirez amplement et lentement, et vous sentirez très vite que vous gagnez en sérénité[5]. À l'inverse, serrez les poings, serrez les mâchoires, remémorez-vous un conflit ou repassez le film de votre dernière altercation. Constatez alors avec quelle rapidité vos tensions rejaillissent…

Face aux très nombreux défis que nous devons relever au quotidien avec ou pour nos enfants, face à la complexité d'un monde moderne, riche et excitant qui file à toute vitesse, nous avons besoin de toute notre belle curiosité, de toute notre ingénieuse intelligence et de toute notre sagesse pour rebondir et donner du sens à nos vies. Cet état d'esprit ouvert nous apparaît comme la manière la plus adéquate de réagir et d'interagir pour cocréer demain, pour nourrir nos proches d'interactions positives, pour stimuler nos enfants et les accompagner à devenir le meilleur d'eux-mêmes.

5. De nombreux ouvrages sont consacrés à la CNV (communication non violente) ou à la méditation de pleine conscience (*mindfullness*) et enseignent la conscience vigilante de ses propres pensées, actions et motivations.

En bref: Un problème, c'est quoi?

En tant que parents, nous devons faire face à de nombreux événements et expériences qui nous déroutent. Nous constatons que tant que nous les vivons bien, tant que nous restons maîtres de nous et calmes, ces situations ne sont pas problématiques, même si elles sont complexes. Elles deviennent problématiques dès qu'une émotion désagréable y est associée, dès que nous perdons notre contenance et devenons stressés.

Il est intéressant de constater que nous abordons plus calmement les difficultés des autres que les nôtres. Peut-être parce que, dans ce cas-là, nous ne les voyons pas comme des « problèmes », ce qui nous permet de prendre plus facilement du recul et de trouver d'autres façons de faire.

Nos ressentis, nos pensées et nos comportements sont en adéquation, liés entre eux, formant les trois points d'une même pyramide. Quand nous sommes stressés, nos émotions, nos pensées et nos comportements ont tous les trois la même couleur.

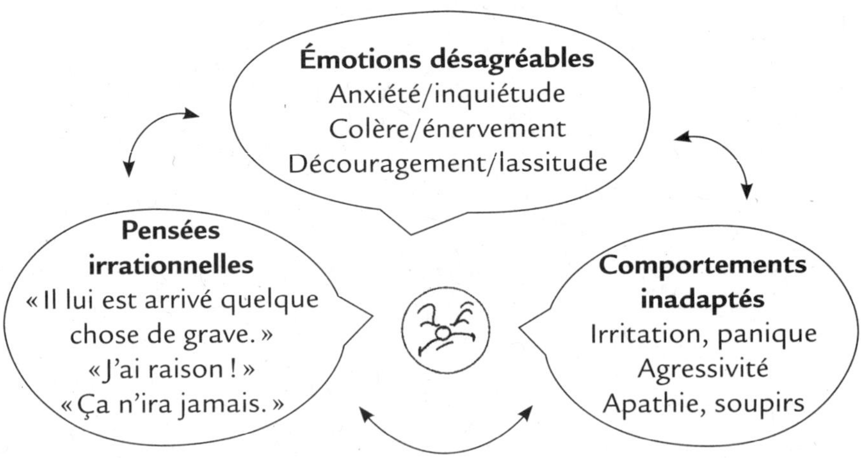

Suivant cette logique, quand nous sommes calmes, nos pensées sont calmes, rationnelles et notre comportement adapté reflète notre sérénité inspirante.

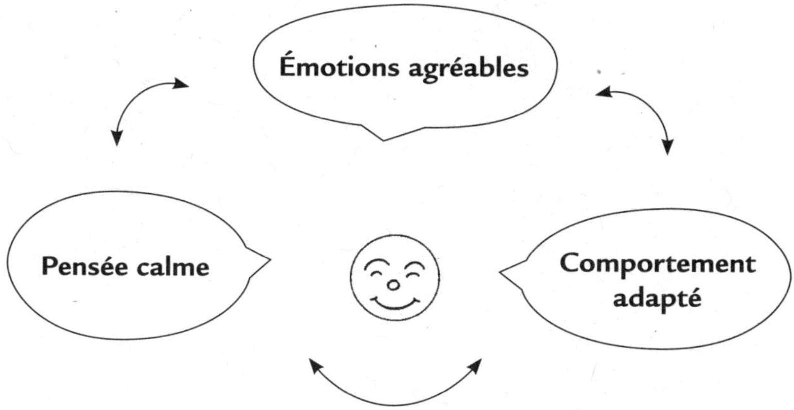

Nous vous proposons de découvrir comment passer plus souvent à ce triangle.

CHAPITRE 2
L'infini potentiel du calme

On n'est pas responsable de la tête qu'on a
mais bien de la gueule qu'on fait.

COLUCHE

Marie travaille dans son jardin par une belle journée ensoleillée, tandis qu'Olenka, sa petite fille de sept ans, joue à la balançoire avec une de ses amies. Soudain, Olenka pousse un cri strident et accourt vers sa maman, le visage en sang.

En l'espace de quelques microsecondes, Marie analyse la scène sans s'en rendre compte : sang, visage, douleur, urgence. Elle ne se laisse pas dépasser par l'éventuelle gravité de la situation, prend sa fille dans ses bras, la rassure d'une étreinte bienveillante et pleine d'amour, puis elle regarde attentivement la plaie avec un calme qui l'étonne elle-même.

Qui ? Où ? Quoi ? Quand ? Comment ? Les questions et propositions traversent son esprit les unes après les autres, et elle y répond méthodiquement. Traverser la rue. Sonner chez le médecin. Demander son avis. Il confirme la nécessité de se rendre dans un hôpital proche : probablement un nez cassé.

Marie installe calmement Olenka dans sa voiture. Elle s'occupe de sa fille posément, d'un geste assuré, efficace, rapide, attentif et tendre. Nulle peur ne vient troubler ses décisions, qu'elle prend en temps réel et qu'elle adapte au fur et à mesure que les informations lui parviennent. Stresser est un luxe qu'elle ne peut pas se permettre dans ce cas-ci. Les urgentistes s'occupent d'autres personnes avant de prendre Olenka en charge. Marie relativise : sa fille n'est pas en danger immédiat, malgré son visage tuméfié.

Ce n'est que plus tard, quand Olenka sera soignée d'une fracture du nez sans gravité, que Marie s'étonnera de son sang-froid : « Je ne sais pas comment j'ai fait, expliquera-t-elle à son mari. Je suis restée calme, je voyais bien que cela pouvait être grave, mais une petite voix me disait que je porterais mieux secours à Olenka en restant posée. C'est incroyable comme on peut rester serein dans une situation aussi stressante que celle-là alors qu'on s'énerve si souvent pour des broutilles ! »

Marie aurait pu réagir tout autrement. Elle aurait pu paniquer, s'affoler, crier, pleurer, trembler, ne pas savoir quoi faire... Une même situation, plusieurs façons de réagir : avec ou sans stress. Et qu'est-ce qui change ? Le contexte ? Non, il reste le même. Olenka est toujours blessée, que sa mère soit stressée ou pas.

Il n'est pas rare, dans notre vie de parents, d'être confrontés à une situation d'urgence inattendue et nous savons que ce n'est pas toujours la gravité de la situation qui génère du stress. Bien au contraire. Autant nous pouvons nous faire un sang d'encre pour des peccadilles, autant nous savons aussi rester posés devant des enjeux graves ou réellement complexes.

Calmes, nous prenons du recul face aux événements et nous voyons les choses avec plus de lucidité. Une ressource à laquelle nous avons tous accès et qui nous permet d'augmenter notre capacité à nous adapter à la situation et, du coup, à la gérer.

Notre comportement est alors plus approprié, ce qui correspond justement à ce que nous recherchons en tant que parents.

UNE QUESTION DE PERSPECTIVE

Imaginons deux parents, également impliqués dans une situation, qui partagent les mêmes codes de valeurs et ont un but commun : que les enfants se tiennent bien à table et qu'ils participent à la vie familiale et domestique.

Retrouvons-nous autour de la table, au moment du dîner, alors que les enfants sont déchaînés. Regardons cette scène avec les yeux de la personne qui garde son calme. Légers et de bonne humeur, nous gérons notre petite famille avec humour et fermeté. Nous égayons le repas et nous en profitons, mine de rien, pour rappeler aux enfants de manger la bouche fermée : « Et si tu avalais d'abord ce que tu as dans la bouche et, après, tu nous racontes ton histoire ? » Pour les amener à collaborer, nous leur lançons : « Qui va débarrasser la table ? Ne vous battez pas car vous aurez chacun droit à une tâche ! »

Notre conjoint, lui, est tendu, crispé, exaspéré par le tableau général. Il ne laisse rien passer, s'énerve, rouspète, démarre au quart de tour : « Ferme la bouche quand tu manges ! Je te l'ai déjà dit cent fois ! » « Venez débarrasser la table plus vite que ça. C'est épuisant de le répéter à chaque repas. »

En restant dans la position de la personne calme, que pensons-nous de notre partenaire ? Qu'il ferait mieux d'aller se changer les idées et de nous laisser gérer la situation… Nous voyons à quel point son attitude envenime l'atmosphère. Nous constatons son impuissance à orchestrer une bonne ambiance familiale. Il va peut-être faire passer ses idées, mais en force, et les enfants seront de plus en plus difficiles à « gérer ». Son stress sera contagieux. Le repas risque de devenir tendu et même de déraper en conflit ouvert…

Inversons les rôles: nous sommes à présent la personne stressée, alors que notre conjoint, ce soir-là, fait preuve d'un calme très *british*. Nous l'interpellons: «Et toi, tu ne dis rien? Tu laisses faire? Pendant que moi je m'occupe de l'éducation des enfants, tu es dans ta bulle! Je crois franchement que tu t'en moques!!!»

Nous pourrions penser qu'il n'est pas impliqué ou qu'il s'en fiche, car la tranquillité peut donner l'impression que l'on démissionne, que l'on n'est pas concerné par ce qui se passe ou en dehors de la réalité.

En effet, même si nous savons intuitivement que le calme est porteur de solution et que nous conseillerions spontanément en cas de crise de «garder son sang-froid», une attitude calme peut aussi nous agacer (notamment quand nous sommes énervés et que, du coup, nous voudrions que l'autre s'énerve avec nous. C'est tellement plus chouette quand on stresse à deux!). Il nous arrive d'amalgamer le calme avec la nonchalance, le détachement ou le je-m'en-foutisme, de le confondre avec mollesse ou apathie. Pourtant, cela n'a rien à voir! Rester calme, c'est garder la capacité de prendre de la hauteur; cela ne veut pas dire être mou, ni indécis ou sans opinion. Rester maître de soi et ne pas laisser nos émotions nous envahir est bien différent de «laisser tout passer». Il s'agit plutôt de rester en quelque sorte le capitaine du navire (en l'occurrence de son propre navire), même en pleine tempête.

Alors, pour éviter cette confusion, n'oublions pas de communiquer sur notre implication lorsque nous gardons notre calme. Nous permettrons à notre interlocuteur de savoir que nous sommes partie prenante, en lui disant par exemple: «Je suis calme, mais je suis bien présent et je t'écoute. Je te dirai un peu plus tard ce que j'en pense.» Ou: «Sache que, même si je ne dis rien, je me sens concernée. Je réfléchis. Je cherche des idées. Tu peux compter sur moi.»

Une autre façon de procéder, toute simple, consiste à faire un clin d'œil, un signe de tête approbateur, à afficher un regard complice ou à utiliser toute autre forme de communication non verbale qui signale à l'autre notre complicité.

Apprenons aussi à dire à nos enfants qu'on peut à la fois être calme, à savoir un peu silencieux, tout en étant déterminé et sûr de soi. Que celui qui ne « dit rien » n'est pas toujours celui qui « s'en moque » ou qui n'a pas d'avis. Et qu'on n'a pas besoin de crier fort ou de faire du bruit pour assurer son autorité ou faire passer un message. Bien au contraire !

Nous pourrions aussi réagir autrement face à la tranquillité sereine de notre conjoint et penser : « Mais comment fait-il pour garder son calme ? » Ou : « Je vais le laisser composer avec les enfants aujourd'hui, car je vois qu'il s'en sort mieux que moi. » En effet, les enfants l'écoutent en faisant peut-être un peu de bruit, mais force est de constater que ça marche. Il les recadre avec gentillesse et fermeté. Il fait preuve d'humour, de légèreté, et s'il semble lâcher prise sur la forme, le fond est tenace. Il arrive à ses fins avec plus de succès. À la fin du repas, l'ambiance est plutôt bonne et nous nous extasions : « C'est incroyable. Je ne sais pas comment tu arrives à te faire obéir, alors que moi, j'ai beau m'énerver, rien ne marche ! »

UNE CAPACITÉ EN DENTS DE SCIE

Plongeons-nous à nouveau dans une scène de la vie de tous les jours : le moment du coucher. À l'heure où les enfants devraient déjà être au lit, le petit dernier insiste pour qu'on lui lise une histoire, « rien qu'une ». Certains soirs, nous arrivons à garder la barre avec finesse et subtilité, et nous gérons sereinement ce moment difficile. Quand l'enfant réclame pour la énième fois « encore une ! », c'est toute notre ingéniosité qui s'allume pour savoir comment faire face à la situation. Avec patience et amour, nous pouvons choisir de lire une histoire de plus… ou pas, fermer la porte et le laisser réclamer… ou mettre en place tout autre chose. Tout va bien, nous ne sommes pas *stressables,* c'est-à-dire que, même si la situation n'est pas facile à gérer, nous avons une bonne aptitude à contrôler nos émotions et à prendre du recul.

D'autres soirs, ce moment devient un vrai calvaire et le « encore une histoire », une ritournelle qui nous exaspère. Les cheveux hérissés, nous perdons patience. Nous sommes éreintés à la simple idée d'imaginer ce qui nous attend. Certes, plusieurs éléments entrent en ligne de compte : ce qui s'est passé juste avant, notre état physique, notre humeur, l'accumulation de frustrations, de bonnes ou moins bonnes nouvelles, etc. Toutefois, le cadre n'a pas changé ; il n'y a que notre état d'esprit qui soit différent, la paire de lunettes à travers laquelle nous regardons le monde.

Un même événement peut nous faire réagir avec excès ou glisser sur nous comme de l'eau sur les plumes d'un canard.

Qu'en déduire ? Que c'est bien la façon dont nous voyons les choses qui nous fait considérer un événement comme un problème ou pas. Nous avons vu qu'il suffit de regarder une même situation avec une autre paire de lunettes pour qu'elle nous apparaisse « moins grave ». Quand nous changeons d'état d'esprit, nous vivons autrement les situations – et nous les vivons mieux. Quand nous gardons notre calme, nous agissons plus efficacement et trouvons davantage de solutions.

Certaines personnes nous racontent qu'après avoir vécu un choc ou traversé un drame (perte d'un proche, maladie, catastrophes naturelles), elles ne voient plus la vie de la même manière, elles ne se mettent plus en colère comme avant et sont davantage capables de relativiser l'importance des situations. Depuis ce moment-là, elles peuvent regarder un enfant qui mange salement comme un enfant qui mange salement (c'est-à-dire d'une certaine façon), et se dire que ce n'est pas la fin du monde.

Si elles jugent important de recadrer l'enfant, elles trouvent la manière de transmettre leur valeur et s'adaptent en fonction du contexte et de l'enfant. Elles nous disent avoir appris à prendre du recul : le fiston qui rentre à la maison avec une mauvaise note n'est pas forcément un enfant paresseux, mais peut-être un enfant qui n'a pas compris son devoir ou la consigne, ou qui n'a pas voulu faire son devoir ou n'en a pas eu le temps…

Elles ont acquis la capacité à sortir des jugements hâtifs qui mènent souvent à l'agacement et elles pressentent que leur calme est le partenaire idéal de la complexité.

Pourquoi attendre une tragédie pour dédramatiser notre quotidien ?

SAVOIR RELATIVISER

Nous oublions souvent, dans le feu de l'action, de relativiser l'importance de ce qui nous arrive en pensant que « c'est grave ».

Quand nous posons la question : « Qu'est-ce qui est vraiment grave ? », nous obtenons généralement comme réponse : « Sa propre mort ou la disparition d'un proche, la maladie, le handicap d'un enfant. » Cependant, des parents qui ont dû accompagner des enfants au travers de lourdes épreuves nous racontent qu'ils en ont retiré une sagesse toute en nuances. Ils prennent de la distance plus facilement, jugent de façon moins radicale ce qui est bon ou mauvais. Et face à la souffrance d'un être cher, certains d'entre eux ont pu envisager la mort comme la « meilleure » issue possible. Tout est relatif. Oui, à bien y réfléchir, il est même concevable de vivre un décès avec sérénité ou de percevoir le côté normal de la mort[6]. Ainsi, suivant nos trajectoires de vie, notre culture, notre philosophie, nos enseignements ou nos références, nous connoterons certains

6. Nous vous suggérons de lire le magnifique livre-témoignage de Christiane Singer, *Derniers fragments d'un long voyage*, Paris, Albin Michel, 2007.

événements comme potentiellement graves ou pas. Et ce n'est pas parce qu'une expérience est stressante à un moment donné, pour une personne, qu'elle le sera toujours pour tout le monde.

Il existe autant de points de vue qu'il y a d'humains sur terre, autant de vécus qu'il y a de moments à vivre.

Si nous n'avons que relativement peu d'emprise sur les circonstances extérieures, car elles dépendent par définition de l'extérieur, la façon dont nous les abordons, par contre, dépend entièrement de nous.

Et c'est une très bonne nouvelle.

Car la seule personne sur laquelle nous avons une véritable marge de manœuvre et que nous pouvons vraiment changer, c'est nous-mêmes.

Exercice 1

Retrouver son calme : à chacun sa méthode

Chacun de nous a ses petites astuces pour retrouver son calme. On le fait souvent de manière spontanée, sans même y penser.

Pour rendre cette attitude plus consciente, nous vous proposerons de nouvelles façons de faire tout au long de ce livre. Ce sera l'occasion de remplir votre mallette à idées et de vous inspirer de celles qui vous plaisent le plus ou qui vous semblent les plus faciles à mettre en place.

Voici une première liste de trucs et d'astuces dont les parents nous parlent souvent et qui pourraient être source d'inspiration pour vous :

- Respirer à pleins poumons pendant quelques secondes[7].
- Aller faire un tour.
- Sortir de l'endroit où l'on se trouve.
- Appeler un ami.
- Prendre conscience que l'on est stressé et se le dire à soi-même : « Je suis en colère. Mieux vaut que je discute de ça plus tard. »
- Parler de son état à quelqu'un.
- Changer de sujet, faire diversion.
- Faire du sport, se défouler.
- Boire un verre d'eau.
- Prendre un bain.
- Faire quelque chose que l'on aime.
- Écouter de la musique.

7. La respiration stimule le nerf vague (un nerf crânien), ce qui entraîne une sécrétion d'acétylcholine et a pour effet de calmer le rythme cardiaque et de ralentir le pouls. Elle augmente le flux sanguin, favorise une meilleure irrigation du cerveau et dynamise les processus mentaux.

Exercice 1 (suite)

- Réfléchir, analyser, regarder les choses autrement.
- Penser à des choses plus graves afin de relativiser son problème.
- S'amuser.

Les dictons font partie de ces expressions de la vie de tous les jours et reflètent bien souvent une sagesse qui nous incite à voir les choses de façon plus nuancée. Faites votre marché. Choisissez ceux qui vous inspirent :

- Il faut de tout pour faire un monde.
- La nuit porte conseil.
- Il n'y a pas mort d'homme.
- L'habit ne fait pas le moine.
- Petite pluie abat grand vent.
- Il n'y a pas péril en la demeure.
- Il n'y a pas le feu au lac.
- Faire contre mauvaise fortune bon cœur.
- Il ne faut pas jeter le bébé avec l'eau du bain.
- Ce n'est pas la fin des haricots.
- La critique est aisée, mais l'art est difficile.
- Qui trop embrasse mal étreint.
- Ne tirez pas sur le pianiste !
- On ne fait pas d'omelette sans casser des œufs.
- Couper la poire en deux.
- Les petits ruisseaux font les grandes rivières.
- L'erreur est humaine.
- Après la pluie vient le beau temps.
- *Carpe diem* (Mets à profit le jour présent).

En bref: CALME contre STRESS

Suivant l'état d'esprit dans lequel nous sommes, nous vivons une même situation avec stress ou sans stress.

Ce n'est pas la gravité des circonstances qui détermine notre taux de stress. D'ailleurs, lorsqu'un événement a des conséquences potentiellement graves, nous gardons plus facilement notre sang-froid que face aux tracas quotidiens. Chacun d'entre nous possède cette belle capacité à traverser une situation contraignante et difficile avec sérénité. C'est une ressource propre à chaque être humain que l'on peut apprendre à développer.

Tant que nous sommes calmes, nous sommes efficaces et créatifs, nous inspirons à l'autre un sentiment de confiance. Stressés, nous perdons en partie notre aptitude à trouver des solutions à nos problèmes et réagissons sous l'impulsion de nos émotions.

Attention toutefois: si le calme inspire confiance, il peut aussi donner une impression de démission, de mollesse ou de je-m'en-foutisme. Mieux vaut communiquer à l'autre que nous sommes impliqués dans la situation et lui exprimer que nous nous sentons concernés.

Même si certains sujets nous affectent plus souvent que d'autres, ce qui nous stresse aujourd'hui ne nous stressera peut-être pas demain. Tout semble dépendre de la façon dont nous regardons les choses, du film mental que nous nous projetons.

CHAPITRE 3
Tout ce que vous avez toujours voulu savoir sur le stress

J'aurais voulu faire aigle royal,
ou goéland majestueusement cool,
mais au lieu de ça j'ai fait canari stressé empêtré
dans ses soubresauts.

MATHIAS MALZIEU[8]

Que le stress soit un problème, nous nous en doutons tous. Depuis quelques décennies, il est montré du doigt comme le fléau à pourchasser. À la maison, au travail, à l'école, il est de tous les univers.

Mais au fond, le stress, c'est quoi ? Car si tout le monde se dit *stressé* à un moment ou un autre, nous employons rarement ce mot pour désigner un même état.

Afin de nous mettre d'accord sur ce que nous entendons dans ce livre par *stress*, nous vous proposons de découvrir ce que les scientifiques en disent, de comprendre comment le stress s'exprime chez nous et, surtout, quelles en sont les

8. Mathias Malzieu, *La mécanique du cœur*, Paris, Flammarion, 2008.

conséquences. Nous allons voir aussi en quoi notre stress réduit notre lucidité et augmente notre aveuglement. Comment il nous empêche de relativiser, d'avoir accès à des comportements adaptés et de faire appel à notre ressource de parent « ouvert » au changement et à la recherche de solutions.

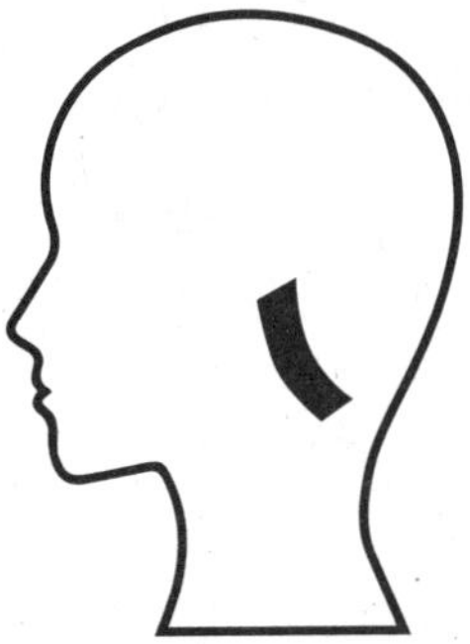

UN « VIEIL » INSTINCT FORT UTILE

Nous avons à la base du crâne un territoire cérébral que les scientifiques nomment le *territoire reptilien*. Il s'agit de la partie la plus « ancienne » de notre cerveau (en termes d'évolution des espèces), qui fonctionne de façon instinctive et inconsciente, et qui assure notre survie (la survie de l'individu). Quand tout va bien et que la personne ne se sent pas menacée, elle est « par défaut » dans un état de calme. Quand, au contraire, il y a menace pour la survie (un prédateur, par exemple une voiture qui dévie de sa route et nous fonce dessus), cette partie engendre une réponse de stress.

Pourquoi ? Pour augmenter les chances de survie de l'individu. Le stress est un mécanisme de défense instinctif et adaptatif de l'organisme face à un danger de mort, à une menace pour sa survie.

Nous avons trois façons de réagir à l'imminence d'un péril (qui correspondent aux trois façons de sauver sa peau[9]) :

1. Chercher à s'échapper et à prendre la **fuite**.
2. Chercher à dominer, à intimider et se préparer à combattre en adoptant une posture de **lutte**.

9. Décrit plus précisément par Henri Laborit, neurochirurgien comportementaliste français (1914-1995), dans *Éloge de la fuite*, Paris, Gallimard éducation, 1985.

3. Quand les deux stratégies précédentes n'ont pas fonctionné, chercher à se faire oublier en ne bougeant plus, en faisant le mort; adopter une tactique d'**inhibition de l'action**.

Quel parallèle peut-on faire avec le stress que nous vivons en tant que parents ou avec celui que vivent nos enfants? Pour répondre à cette question et mieux comprendre nos réactions spontanées, nous allons nous pencher sur ces trois stratégies.

Le stress de fuite: la gêne, la peur, l'angoisse

Considérons tout d'abord notre chat Minou, paresseusement étendu de tout son long, qui profite langoureusement des joies de l'existence féline. Notre copine Henriette décide de nous rendre visite à l'improviste. Elle a la malencontreuse idée d'amener son cocker Jimmy, fougueux et explosif. Que fait Minou? Il déguerpit instantanément et trouve refuge sous le canapé du salon!

Et l'humain? Nous avons tous expérimenté au moins une fois cette envie de fuir, que ce soit à l'école lors de la passation d'un examen ou de la présentation d'un exposé devant la classe; au bureau, lorsque notre patron nous demande de défendre un dossier ambigu devant l'ensemble du personnel, lors d'une prise de parole en public; à la maison, quand un enfant nous pose des questions sur un sujet embarrassant. Dans tous ces cas de figure, notre réaction est la même: une irrépressible envie de partir et que ça cesse. Sauf que prendre ses jambes à son cou ou aller se cacher sous un banc, dans nos contrées citadines, n'est pas toujours toléré ni bien compris…

Nous avons appris, au fil de l'évolution de nos sociétés, à soigner notre image sociale et à faire comme si de rien n'était. Nous nous adaptons à la norme sociale, nous prenons sur nous, mais ce n'est pas pour autant que nous ne ressentons pas cette envie de fuir, même si nous pensons que cela ne se voit pas... Une partie de nous sait très bien que ce n'est pas si grave que ça, que nous n'allons pas nous faire « dévorer » tout cru par le professeur, notre collègue ou notre enfant. Pourtant, nous ressentons une menace et nous avons instinctivement envie de ne pas être là, d'être ailleurs, de nous échapper. Notre *territoire reptilien* fait son travail : il a perçu une menace et s'active.

Thierry nous confiait que, quand il pense à son fils Jérôme, qui doit se présenter à une audition publique au conservatoire de musique, il est inquiet. Il a peur que ce dernier ne s'en sorte pas tout seul, qu'il ne sache pas prendre sa place face à des élèves plus expérimentés que lui, qu'il soit la risée des professeurs. Bien que Jérôme ne semble pas affecté par la situation, Thierry, lui, ne peut s'empêcher d'être préoccupé. Il trouve impitoyables les juges des concours et il ne comprend pas les motivations de son fils, qui ne maîtrise pas bien le piano. Ce qui le rassurerait, ce serait que le concours soit annulé et que Jérôme ne soit pas obligé de prendre un tel risque.

Comment se traduit physiquement cet état que nous tentons parfois de camoufler ?

Nous rougissons, notre gorge devient sèche, notre cœur palpite fébrilement, à la recherche d'une issue, notre regard devient fuyant, nous nous tortillons sur notre siège, nous bafouillons, nous affichons un sourire conciliant et ne pensons qu'à une seule chose : FUIR !

Notre devise : « Sauve qui peut ! »

Le stress est une réaction à une information perçue comme urgente, qui nous coupe momentanément du territoire cérébral qui réfléchit. Stressés, nous sommes dans l'instinct, pas dans la réflexion.

Le stress de fuite et l'apprentissage

Un élève en stress de fuite apprend moins bien. Cet état peut être véritablement handicapant pour un enfant, car il ne prédispose pas à l'écoute, ni à la mémorisation, ni à la concentration, et ne permet pas d'intégrer ni de structurer des instructions. Quand nous avons peur ou que nous sommes inquiets, c'est un peu comme si le cerveau «n'imprimait» pas les données. Il rumine les soucis ou se projette en boucle les scénarios catastrophes.

D'où l'intérêt de d'abord rassurer un enfant qui a peur en reconnaissant son émotion sans la juger. Cette attitude diminuera son stress. En se positionnant comme un complice qui l'aide à structurer sa pensée, vous lui permettrez de s'apaiser et de penser de façon plus rationnelle.

Le stress de lutte: l'énervement, l'irritation, la colère

Regardons maintenant comment réagit Médor, notre chien fidèle, qui savoure son os quand arrive Marcel, notre ami de toujours. Marcel profite du beau temps pour venir à l'improviste boire l'apéritif en compagnie de son chien de chasse, Toufou. Il entre chez nous sans sonner, comme d'habitude, Toufou sur les talons. Médor se sent immédiatement menacé («Mais qui est cet intrus qui veut me piquer mon os?») et il se dresse férocement en aboyant. Il grogne et bave; ses poils sont hérissés, sa mâchoire laisse voir une rangée impressionnante de crocs acérés et il est prêt à tout pour défendre sa pâtée. L'objectif de sa stratégie canine est d'impressionner l'importun pour qu'il s'en aille et sauver ainsi son os.

Que fait l'homme – dit civilisé – quand un autre homme civilisé laisse inopinément sa voiture devant la sortie carrossable de sa maison, alors qu'il doit partir sur-le-champ? Suivant son degré de « bienséance », il va s'en offusquer ou râler. Il peut grogner, protester, s'emporter, beugler, voire insulter, menacer et même parfois… cogner. Il est rouge de colère, sa voix est forte, son regard est fixe et frontal, ses gestes sont brusques, rapides et secs.

Tout aussi impressionnant que l'animal ! En colère, l'homme se sent fort et puissant. Son cerveau tourne en boucle sur une seule pensée : « J'ai raison, l'autre a tort ! » Dans le langage commun, ça donne : « Quel con ! »

Il est branché sur une carte mentale de *lutte* qui remplit sa fonction de base (impressionner son adversaire) et l'envahit totalement en l'empêchant – tant qu'il est en *lutte* – de penser à quoi que ce soit d'autre que son état (comme Médor). Et tout ça est bien logique. Imaginez un seul instant si, en plein combat, l'animal se mettait à penser que l'autre a peut-être raison, qu'il est peut-être plus fort !

Prenons le récit de Fabienne, maman autonome et efficace. Sa fille Betsy, qui a 10 ans, aime bien passer du temps avec ses copines et ne voit pas l'intérêt de se débrouiller seule si quelqu'un d'autre peut l'aider. Ce qui explique pourquoi, quand Betsy doit s'habiller le matin, elle discute avec ses poupées et leur demande leur avis sur ses choix vestimentaires. Elle fait tourner ses jupes pour que l'air s'y engouffre et forme un gros champignon… C'est beau, les gros champignons ! Elle prend de longues minutes pour nouer les lacets de ses chaussures… et demande trois fois à sa maman si elle trouve que « c'est comme ça qu'on fait ». Fabienne trépigne dans ces cas-là, car elle estime qu'à son âge, Betsy devrait être plus rapide et un peu plus autonome. Quand, au moment de partir à l'école, elle trouve Betsy encore dans sa chambre, à moitié habillée, les pantoufles aux pieds, pas coiffée, qui lui demande si elle préfère la jupe bleue ou le pantalon vert, elle se fâche : « Elle exagère ! Elle fait exprès ! Ça m'énerve », pense-t-elle. Certains matins, il lui arrive de crier car elle pense qu'« il faut être rapide et performant dans la vie », et elle est convaincue d'avoir raison. Betsy, elle, ressent un profond sentiment d'injustice : elle demande l'avis de sa mère et se fait gronder !

Il est intéressant de savoir que lorsque nous sommes *en lutte*, donc énervés ou en colère, nous ne doutons pas (raison pour laquelle nous sommes convaincus d'avoir raison) et éprouvons moins la douleur (pas le temps d'avoir mal quand on doit intimider). Par contre, nous sommes plus susceptibles et ressentons l'offense comme encore plus grave qu'elle ne l'est. Nous sommes envahis par des sentiments de supériorité, physique et intellectuelle, qui nous empêchent de douter.

Le stress de lutte et l'apprentissage

Un enfant en colère se focalise sur des « morceaux » d'information et ne retiendra donc qu'une partie de l'information qui lui est donnée. Comme il est persuadé d'avoir raison, il aura tendance à être « contre » ce qu'on lui dit, à être fermé, voire hermétique aux propositions, agressif. Il n'entendra pas ce qui se dit, il ne sera pas dans un état d'apprentissage ni de disponibilité intellectuelle.

Plutôt que de le contrer, dites-lui que vous le comprenez et qu'il a raison. Abondez dans son sens dans un premier temps. Cela baissera son niveau d'agressivité et l'incitera dans un deuxième temps à s'ouvrir et à être plus attentif.

Le stress d'inhibition de l'action : l'abattement, la lassitude, le découragement

Enfin, penchons-nous sur Jerry, gentil mulot qui vaque à ses occupations sans s'apercevoir de la présence de Minou. Le félin surgit de nulle part et l'immobilise d'un coup de patte. Minou commence à jouer avec le petit animal, qui tente à plusieurs reprises de fuir. Sans succès ; le chat est plus rapide que lui. Après maintes tentatives de fuite, Jerry n'oppose plus aucune résistance et se laisse faire. Il est à terre, inerte. Le chat attend qu'il bouge à nouveau, car c'est ça qui le stimule. Il attend mais rien ne se passe. Le corps immobile de la petite bête le laisse désemparé. Il attend quelques minutes encore, puis finit par s'en désintéresser et par partir.

Jerry gît couché sur le flanc, la gueule ouverte. Au moment où vous vous approchez du corps inerte pour l'éloigner de votre lieu de vie, alors que Minou est déjà loin, il s'agite prestement et détale plus vite que son ombre.

Certains animaux privilégient cette stratégie d'*inhibition* comme dernier recours pour rester en vie. Le mulot, face au félin, se couche sur le flanc et fait le mort. Instinctivement, il « sait » qu'il n'a aucune chance s'il tente de fuir ou de se battre.

Et comment cet état se manifeste-t-il chez l'homme ? Prenons le cas de Sylvie qui s'évertue depuis 15 ans à expliquer à ses enfants qu'on ne laisse pas traîner son linge sale par terre. Le rangement, l'ordre et la propreté sont les piliers incontournables de l'éducation qu'elle souhaite transmettre. Après toutes ces années, elle ne constate aucun début de changement chez les siens et les chambres des jeunes sont invariablement en désordre, jonchées de linge éparpillé – chaussettes, chemises, pantalons, caleçons –, de BD, d'articles scolaires et d'autres objets insolites. Découragée, lasse, d'humeur sombre, elle ne voit plus comment aborder le sujet, elle ne sait plus quoi faire pour changer les choses, ne met plus d'action en place et finit par laisser tomber. Chaque fois qu'elle ouvre la porte des chambres, une grande lassitude l'envahit, elle reste quelques secondes sur le pas de la porte, vidée, incapable de dire ou de faire quoi que ce soit. Elle pense: «Je suis fatiguée... À quoi ça sert, tout ce que je dis... À quoi bon?»

Son regard est tourné vers le bas comme si elle portait le poids du monde sur les épaules, elle soupire, sa voix est faible et son tonus, bas; ses mouvements sont lents et apathiques. Elle est démoralisée, se sent vide, atonique, impuissante. Motivation: zéro... Soyons indulgents avec Sylvie. Nous avons tous été un jour ou l'autre dans cet état végétatif qui phagocyte notre énergie. L'état apathique de celui qui aimerait bien... mais n'y arrive pas.

Dans le cas de l'inhibition de l'action, l'action est rendue impossible pour permettre de survivre. Le mulot qui change de programme et se met à bouger perd ses chances de survie face à la rapidité et à la force physique du félin[10]. Dans le cas de Sylvie, il s'agit de la même manifestation de stress: elle se sent seule, aimerait être aidée, accompagnée et, comme l'animal, voudrait être protégée (ici, du désordre de ses enfants).

Or, quand nous broyons du noir, que nous nous sentons lourds et amorphes ou soudainement fatigués sans avoir fait d'effort physique, nous nous décrivons rarement comme *stressés*. Et pourtant, c'est le cas. Être *stressé*, c'est aussi être «en panne».

10. En surfant sur le Net, vous trouverez de nombreux films animaliers qui donnent des exemples de l'inhibition de l'action. Voici deux liens intéressants: www.youtube.com/watch?v=g79bbYiHDIQ - *Cheetah vs baby gazelle* – BBC wildlife et www.youtube.com/watch?v=-n8Cf4Jzw50 – *Une fin heureuse: gazelle contre hyène.*

Le stress d'inhibition et l'apprentissage

Chez l'enfant aux prises avec le stress d'inhibition, les capacités d'attention et de mémorisation sont réduites : son cerveau n'entend pas, n'imprime pas. Il est un peu comme en état d'hibernation, à l'arrêt, ce qui pourrait nous faire penser qu'il est fatigué ou en dépression, ou même stupide. Dans cet état, l'enfant voit la situation comme encore plus écrasante qu'elle ne l'est réellement ; la tâche peut même lui paraître insurmontable. Il est résigné et perd toute motivation.

Arrêtez-vous quelques instants et prenez le temps de l'écouter, de vous asseoir près de lui. Soyez empathique et indulgent : en l'accompagnant doucement à faire les choses les unes après les autres, à son rythme, vous lui permettrez de retrouver sa motivation.

Pour plus de clarté et afin d'éviter toute mauvaise compréhension de nos propos, quand nous ferons désormais référence au stress, nous parlerons des trois états que nous venons de décrire :

- le stress de fuite, qui équivaut à nos états de peur (agitation, inquiétude, gêne, crainte, angoisse ou panique) ;
- le stress de lutte, à savoir nos états de colère (susceptibilité, agacement, énervement, irritation, colère, rage, fureur) ;
- le stress d'inhibition, à savoir nos états de découragement (hésitation, lassitude, perte d'énergie, abattement, démoralisation, déprime, dépression).

LE STRESS, UN ALLIÉ OU UN ENNEMI ?

Malgré tout, certains d'entre nous glorifient le stress en proclamant que « sans stress, nous sommes des mous ». Nous entendons aussi parfois : « Je fonctionne mieux sous stress. » Ou encore : « Un peu de stress, ça dope les jeunes, ça les fait avancer, ça les dynamise… » Étrange. On n'aime pas le stress, mais quand on propose de le supprimer, l'enthousiasme est plus que mitigé. On nous rétorque qu'il y a du stress « positif » et du stress « négatif ».

Qu'en est-il ? Les anglophones différencient l'*eustress*, que nous pourrions traduire par *stress utile* (qui nous met en action et stimule notre motivation), du *distress*, équivalent de *détresse* (qui nous demande de l'énergie, nous contraint et produit un déséquilibre). Le *stress positif* ou *eustress* est synonyme de moteur, d'inspiration et d'enthousiasme. Il ne s'agit pas des états invalidants que nous venons de décrire, mais bien, à l'inverse, d'une impulsion positive. La plupart d'entre nous ont besoin d'un peu de pression pour se mettre pleinement en action et donner le meilleur d'eux-mêmes. Certains aiment même les défis et se sentent motivés par la difficulté des « missions impossibles ». La conséquence est positive : ils aiment l'adversité, le dépassement de soi, la contrainte qui fait réfléchir ; ils fonctionnent mieux dans ce contexte que dans la facilité, la lenteur, le prévisible ou la routine. Il semblerait également qu'un peu de stress, c'est-à-dire un peu de pression, induise une augmentation de notre performance. À condition, toutefois, que la pression ne soit pas trop forte et qu'elle ne dure pas trop longtemps, afin de ne pas entraîner une baisse de nos performances. Nous vous proposons de nommer cette dynamique « motivation ». Elle est saine, car elle nous procure du plaisir et des émotions de bien-être ou de joie.

Le *stress négatif* ou *distress* équivaut, quant à lui, à un ressenti négatif, à des tensions, à des angoisses ou à de la paralysie. C'est de ce dernier état que nous parlons tout au long de ce chapitre.

Face à un danger de mort, nous venons de voir que la partie instinctive de notre cerveau, le territoire reptilien, génère du stress dans le but de mobiliser au mieux notre organisme pour échapper au danger et assurer notre survie. Et puis, normalement, dès la disparition du danger, le stress retombe et s'arrête.

Or, souvent, l'état perdure, comme si le robinet du stress restait ouvert en continu ; nous verrons pourquoi dans les chapitres suivants. Le système finit alors par s'emballer et par devenir contre-productif. Le stress soumet le corps à des décharges de substances chimiques, ce qui a pour conséquence, en fuite ou en lutte par exemple, de mettre les muscles de notre corps sous tension pour nous préparer à agir. Mais quand une personne est soumise quotidiennement et intensément au stress, elle subit les effets de cette réaction hormonale en chaîne persistante (pas moins de cinq hormones entrent en jeu : ACTH, cortisol, adrénaline, ocytocine et vasopressine).

Lorsque le stress s'installe de façon répétitive ou chronique, d'autres substances chimiques, comme les corticoïdes, entrent en jeu, entraînant des conséquences néfastes pour le corps : hypertension, maladies cardiovasculaires, problèmes respiratoires, insomnies, affaiblissement du système immunitaire, cancers, ulcères, etc. S'ajoutent à cela des troubles dans le processus du jugement, des difficultés à discerner, des sautes d'humeur, de l'irritabilité, de l'anxiété chronique ou un tonus bas - autant de maux qui ne sont pas strictement et uniquement des problèmes corporels et dont nous pâtissons tous les jours. Ils sont liés à notre façon de voir les choses, à ce stress psychologique pour lequel notre organisme n'a pas été construit et qui, hélas, est en augmentation dans notre société actuelle. Ce stress peut donc devenir une sérieuse entrave non seulement à notre bien-être, mais aussi à une bonne communication entre nous et nos enfants.

SAVOIR RECONNAÎTRE SON STRESS, UN PREMIER PAS VERS LE CHANGEMENT[11]

Chaque fois que nous sommes mal à l'aise, gênés, agacés ou découragés, nous pouvons à présent prendre conscience qu'il s'agit d'un début de stress. Une toute petite inquiétude est déjà un stress de *fuite*, au même titre qu'une immense panique : il s'agit du même état, seul le curseur est positionné différemment. Un léger agacement n'est jamais que de la *lutte* à un degré moindre mais du même registre que la grosse colère blanche ou la fureur dévastatrice. Le découragement passager, la lassitude furtive, les épaules qui tombent à la dérobée ou la pensée subreptice (« Pff, ça ne sert à rien… ») sont les caractéristiques d'un état d'*inhibition*, qui est du même ordre, mais à un degré moindre, que l'apathie généralisée, la prostration ou la dépression transitoire. Sur l'échelle de Richter[12], les premiers sont à 1, qui est de l'ordre du microtremblement, tandis que les derniers sont à 9, soit à la dévastation des zones sur un très large périmètre !

Lorsque nous sommes touchés par ces ressentis, rappelons-nous que nous ne réfléchissons pas de la même manière que lorsque nous sommes calmes, puisque nous subissons une réaction instinctive. Nous agissons sous l'influence de notre *territoire reptilien*, qui n'est pas fait pour réfléchir, mais pour mobiliser l'organisme face à un danger, ce qui peut nous entraîner à prendre des décisions peu appropriées que nous regretterions ensuite. À preuve : souvent, après une grosse colère, nous trouvons que « nos mots ont dépassé nos pensées ».

Tâchons d'être vigilants, pour nous-mêmes et nos enfants, et veillons à reconnaître ces signes-là. En apprenant à les distinguer clairement, nous prenons conscience de l'état dans lequel nous

11. Vous trouverez à la p. 59 un tableau récapitulatif des différents états de stress et les émotions qui y correspondent.
12. L'échelle de Richter est une échelle de référence qui indique la quantité d'énergie libérée lors d'un séisme. La magnitude se mesure de 0 à plus de 9 et les dommages importants commencent à 5.

sommes, ce qui représente le tout premier pas vers le changement. Lorsque nous ne sommes pas conscients que nous sommes en colère, nous subissons notre énervement sans pouvoir rien y faire. « Mais je vais très bien, moi ! Je suis très calme ! » dit-on alors, courroucé, le visage empourpré par la colère et les mâchoires serrées. « Je ne suis pas en colère ! hurle-t-on. C'est toi qui m'énerves ! » Quand, par contre, à l'annonce d'une nouvelle qui nous déplaît, nous sommes capables de constater de manière factuelle l'impact qu'elle a sur nous, sur notre manière de penser et sur notre comportement, nous nous donnons la chance de pouvoir nous ressaisir plus rapidement et d'agir avec plus d'à-propos et d'acuité.

Exercice 2

Prendre conscience de son état

Quand vous sentez le stress monter et que vous souhaitez ne pas vous laisser dépasser, vous pouvez vous brancher sur votre météo du moment.

Adoptez le plus souvent possible la position de l'explorateur et posez-vous la question suivante :

« Suis-je stressé ou calme ? »

Pour le savoir, reconnaissez ce qui définit le mieux votre comportement, vos pensées ou votre ressenti. Reconnaissez-vous l'un de ces signes ?

Suis-je inquiet, gêné, agité, craintif, anxieux, angoissé ?

- Ai-je la gorge nouée, une boule au ventre, des palpitations, des tremblements, un comportement erratique ?
- Est-ce que je parle beaucoup pour remplir les silences ? Est-ce que je bégaye ? Est-ce que je perds mes idées ? Suis-je confus ?
- Suis-je tétanisé de peur, incapable de dire un mot ?

Alors je suis aux prises avec le stress de fuite.

Stress de fuite

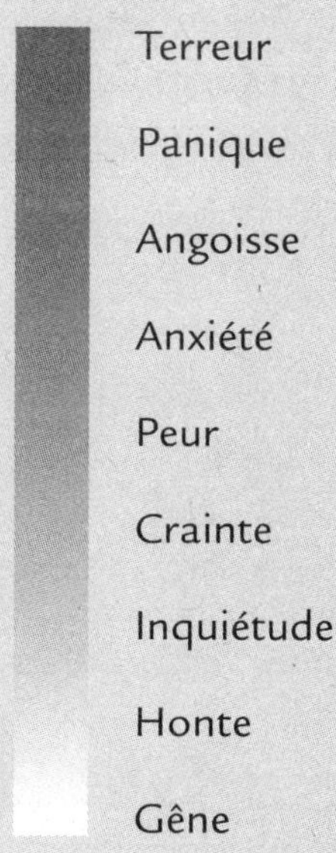

Exercice 2 (suite)

Suis-je agacé, irrité, vexé, énervé, en colère, furieux?

- Ai-je des tensions dans la nuque, les mâchoires serrées, des paroles coupantes, des gestes secs et tranchants?
- Suis-je une pile électrique, une boule de nerfs, ou survolté, irritable?
- Est-ce que je pense que l'autre a tort (et que j'ai raison)?
- Est-ce que je veux convaincre?

Alors je suis aux prises avec le stress de lutte.

Stress de lutte

Fureur
Rage
Colère
Irritation
Agacement
Susceptibilité

Suis-je las, fatigué, dépité, en manque d'énergie, découragé?

- Suis-je épuisé sans raison?
- Est-ce que je me dis: « Ça ne sert à rien! » ou « À quoi bon! »
- Ai-je envie de pleurer, de laisser tomber, de dormir en attendant que ça passe?
- Ai-je la tête vide ou est-ce que je me demande: « Comment je vais faire? »

Alors je suis aux prises avec le stress d'inhibition.

Stress d'inhibition

Dépression
Abattement
Tristesse
Découragement
Ras-le-bol
Lassitude
Moral bas
Soupirs

Exercice 2 (suite)

Suis-je détendu, apaisé, souriant, serein ?

- Est-ce que je peux m'exprimer calmement, même si je ne suis pas d'accord avec mon interlocuteur ?
- Suis-je capable de voir ce qui se passe et de me dire : « Tiens, ce n'est pas si simple ! Il va falloir trouver une autre façon de faire » ?

Alors je suis calme et je ne ressens pas de stress.

(En cas de doute, se reporter à la description de ces trois états, p. 43 à 50 ou au tableau récapitulatif des différentes émotions, p. 59)

États de stress

Se poser ces questions permet de s'arrêter quelques secondes et de sortir momentanément du contexte. En étant attentif à ce que l'on ressent, on peut prendre conscience de nos tensions, aussi minimes soient-elles. On augmente ainsi nos chances de retrouver rapidement notre calme, avant d'être totalement envahis par des émotions négatives. Plus nous faisons régulièrement cette gymnastique, plus elle devient facile à faire et plus le diagnostic de notre état s'établit rapidement.

Exercice 3

Reconnaître les symptômes qui nous assaillent

Pour vous aider à mieux reconnaître vos états de stress, voici un tableau récapitulatif des symptômes physiques qui caractérisent chaque état, ainsi que les émotions et les pensées qui y sont associées.

ÉTATS DE STRESS Symptômes physiques		
Stress de FUITE PEUR	**Stress de LUTTE COLÈRE**	**Stress d'INHIBITION TRISTESSE**
Insomnie	Tension musculaire	Tonus musculaire faible
Sourire crispé	Douleur lombaire	Mouvements lents
Regard fuyant	Traits tendus	Voix basse et faible
Rougissement	Regard fixe et frontal	Sensation de fatigue
Bégaiement	Mâchoires crispées	Soupirs
Déglutition	Voix forte et assurée	Regard baissé
Gorge sèche	Gestes brusques	Respiration lente
Tremblements	Visage empourpré	Teint pâle
Palpitations	Narines dilatées	Moue
Moiteur, chaleurs	Attitudes agressives	Pleurs (silencieux)
Plaques rouges	Sensation de puissance	Fatigue
Digestion bloquée	Sensation de force	Manque d'énergie

Exercice 3 (suite)

Émotions		
Stress de FUITE	**Stress de LUTTE**	**Stress d'INHIBITION**
Affolé	Agacé	Abandonné
Agité	Agressif	Abattu
Alarmé	Besoin d'avoir raison	Accablé
Angoissé	Bilieux	Affligé
Anxieux	Boudeur	Apathique
Atterré	Contrarié	Au bout du rouleau
Confus	Convaincu	Auto-dévalorisé
Craintif	De mauvaise humeur	Cafardeux
Crispé	En colère, colérique	Découragé
Débordé	Énervé	Défait
Déconcerté	En rage	Démoralisé
Dépassé	Exaspéré	Démuni
Désorienté	Fâché	Désabusé
Embarrassé	Frustré	Désemparé
Épouvanté	Furieux	En avoir ras le bol
Fébrile	Hargneux	Éploré
Gêné	Impatient	Fragile
Hésitant	Incisif	Impuissant
Honteux	Indigné	Inconsolable
Inquiet	Intolérant au reproche	Las
Intimidé	Irascible	Mélancolique
Mal à l'aise	Irrité	Morose
Paniqué	Mécontent	Mou
Peur de la contrainte	Nerveux	Négatif

Exercice 3 (suite)

Émotions		
Stress de FUITE	**Stress de LUTTE**	**Stress d'INHIBITION**
Peureux	Outré	Noir
Préoccupé	Râleur	Paralysé
Saisi	Révolté	Sans désir
Sentiment de trac	Soupe au lait	Sans énergie
Soucieux	Susceptible	Soucieux
Terrifié	Violent	Taciturne

Pensées		
Stress de FUITE	**Stress de LUTTE**	**Stress d'INHIBITION**
Sauve qui peut !	J'ai raison !	À quoi bon ?
Courage, fuyons !	Il a tort !	Pff! Je suis nul.
Je ne sais pas.	Ma vérité est la bonne.	Laisse tomber.
Je suis ridicule.	Il est idiot !	Ça ne sert à rien.
Ça doit être grave.	Il ne me comprend pas.	Ça ne marchera jamais.
Je vais mourir.	Ça doit marcher !	Je ne vais jamais y arriver.
Oui, oui, heu... non, heu...	Il m'énerve !	C'est trop compliqué.

En bref: Le stress

Le stress est une réaction physiologique qui nous dépasse. C'est un mécanisme instinctif inconscient, généré par le territoire cérébral reptilien, qui survient en réponse à une situation vécue (à tort ou à raison) comme une menace pour notre survie.

Chez l'animal comme chez l'humain, le stress se manifeste sous trois formes:

- Un stress de fuite, qui engendre un vécu empreint de gêne, de peur, d'angoisse;
- Un stress de lutte, qui engendre un vécu marqué par l'énervement, l'agacement, la colère;
- Un stress d'inhibition, qui engendre un vécu empreint de découragement, d'abattement, de lassitude.

Si notre réaction au stress est parfaitement adaptée pour faire face à un danger de mort, elle a tendance à limiter nos capacités intellectuelles, mentales et physiques quand il n'y a pas de menace pour notre survie. Le stress nous fait réagir de façon stéréotypée et émotionnelle; il ne favorise pas le recul vis-à-vis d'une situation ni la réflexion posée et créative.

Dans notre quotidien de parents où nous sommes rarement face à un danger pour notre survie, le stress est souvent inadapté et engendre des ressentis désagréables. Lorsqu'il devient récurrent, il provoque des troubles physiologiques qui peuvent être néfastes à tout l'organisme, mettre en danger notre santé ou être à l'origine de maladies. En aucun cas, il ne nous permet de «gérer» convenablement nos relations à long terme.

Prendre conscience de son stress est un premier pas vers le changement et la possibilité de résoudre autrement une situation.

CHAPITRE 4
Reprendre le contrôle de son navire

Face au monde qui change,
mieux vaut penser le changement,
que changer le pansement.

FRANCIS BLANCHE

Nous comprenons à présent que le stress est un état d'urgence qui mobilise tout notre organisme afin de nous permettre de rester en vie. Face à un danger de mort, prendre la fuite, par exemple, est un moyen efficace de sauver sa peau. Merci au stress ! Mais où est le danger de mort quand un enfant ne range pas sa chambre ? Où est la menace réelle lorsqu'il y a des embouteillages devant l'école et que nous trépignons à l'idée d'arriver en retard à notre réunion ? Et même quand notre enfant est en rupture avec à l'école, y a-t-il péril réel et imminent pour notre vie ou la sienne ?

Dans nos sociétés occidentales, nous sommes rarement confrontés à un prédateur qui met notre vie en danger et, paradoxalement, nous sommes beaucoup plus stressés qu'un animal dans un environnement naturel. Ce n'est que dans 10 % des cas que notre réaction au stress se déclenche à la suite d'un danger réel pour notre survie (comme un arbre qui menace de nous écraser ou une attaque à main armée). Dans tous les autres cas, soit dans 90 % des situations, nous stressons alors qu'il n'y a pas de danger réel immédiat.

Que se passe-t-il ? L'origine du stress est alors interne, subjective et liée à nos croyances. Le stress est occasionné par notre manière de penser, par notre perception cognitive.

Par exemple, imaginons que notre enfant échoue à ses examens ou perd son emploi : il peut certes y avoir péril pour lui à moyen ou à long terme, mais pas un péril mortel immédiat avéré. Notre cerveau réagit dans ce cas-là à un autre danger lié, lui, à notre façon de voir les choses, à ce que nous imaginons qui pourrait se passer. Notre stress, dans ce cas précis, est la conséquence de la manière dont nous appréhendons la réalité, le film mental que nous nous en faisons. D'ailleurs, il suffit que nous changions notre façon de penser pour que notre ressenti change, que le stress diminue ou même disparaisse[13]...

Tiens, tiens. Intéressant, non ?

À CHACUN SON STRESS

Quel que soit notre âge ou notre sexe, notre éducation ou notre condition sociale, nous stressons. Que nous soyons très cultivés ou pas, intelligents ou moins doués, grands, petits, jeunes ou moins jeunes, Jaunes, Blancs, Rouges ou Noirs, nous subissons tous du stress. Personne n'est épargné ! Ce qui varie d'une personne à une autre, c'est l'intensité et la fréquence du stress, les sujets qui entraînent cet état en nous et notre rapidité à sortir de cet état.

13. Ce modèle a été découvert par Aaron Beck, psychiatre psychanalyste cognitiviste, dans les années 1950. Il y décrit le lien entre la pensée, le comportement et les émotions. Cette nouvelle approche l'amènera à étudier la dépression, l'anxiété et la violence sous un aspect plus pragmatique.

Ainsi, certains parents et enfants stressent plus souvent, plus longtemps ou plus intensément que d'autres. À l'inverse, certains individus semblent avoir une capacité – qui peut nous apparaître comme naturelle – à rester zen quelle que soit la conjoncture. Ils restent maîtres d'eux-mêmes en toutes circonstances ! Nous verrons plus loin que ce n'est peut-être pas si inné que ça et que ce savoir-être peut s'apprendre.

Si les personnes sensibles sont légion, chacun d'entre nous détient toutefois ses propres thématiques chatouilleuses. Autant de questions délicates qui nous rendent fragiles et minent notre belle sérénité.

John ne supporte pas les cris de ses enfants et s'énerve quand il les entend. Élisabeth, elle, est amusée par l'expression spontanée de leur jeunesse et relativise avec facilité. Par contre, elle déteste quand ils tripotent leurs légumes du bout de la fourchette, rechignent à les avaler et se débrouillent pour les laisser au bord de l'assiette. Ça l'agace, alors que John n'en est pas affecté. Il use à ce moment-là d'une diplomatie sans fin pour que ses enfants apprennent à manger de tout.

La même situation peut être vécue avec ou sans stress. Ce qui nous inquiète, nous agace ou nous décourage, n'inquiète pas, n'agace pas ou ne décourage pas forcément notre entourage.

La différence de réaction entre John et Élisabeth, comme pour chacun d'entre nous, s'explique par les éléments déclencheurs de ces tensions : les *stresseurs*. Ces agents extérieurs sont nombreux et illimités. Nous les considérons comme de réels éléments perturbateurs, qui nous parasitent, nous empêchent de vivre comme nous le voudrions et dont nous aimerions bien nous débarrasser.

En fonction de notre personnalité et de notre éducation, de nos goûts et de nos aversions, de nos us et coutumes, nous serons sensibles aux mêmes *stresseurs* ou pas. Un embouteillage, du retard, un micro-ondes qui tombe en panne ne seront probablement pas considérés comme des éléments perturbateurs par un Africain subsaharien. Le paludisme et la tuberculose seront pour lui des sources majeures d'inquiétude, alors qu'un Occidental en sera peu affecté puisque peu concerné.

STRESSEURS OU STRESSABILITÉ ?

Nous pourrions penser que nous sommes moins « stressables » quand nous sommes en bonne santé, riches, en vacances sur une île au soleil, les doigts de pied en éventail, que lorsque nous avons la responsabilité de 15 enfants dans un immeuble insalubre et surpeuplé. Et pourtant, même si le contexte dans lequel nous nous trouvons semble jouer un rôle, notre stress oscille bien plus en fonction de notre état d'esprit, à savoir notre vulnérabilité face à une situation, que la situation elle-même. Car le stress que nous ressentons est le résultat de notre *stressabilité* (forte allergie) multipliée par le nombre ou l'importance des *agents stresseurs*. À preuve : certaines personnes sont stressées même en vacances sur un îlot ensoleillé, à l'abri de toute infortune financière…

Maintenant, faisons un peu de maths et regardons le cas d'Olivier qui stresse quand il arrive en retard, et qui est donc « stressable » à ce sujet.

Nous lui avons demandé de mesurer sa *stressabilité* face au retard, sur une échelle de 0 à 10, et il l'a évaluée à 8. Le chiffre 0 correspondait à : « Le retard ne me cause aucun souci. Je l'accepte comme faisant partie intégrante de la vie, et ma capacité à relativiser et à prendre du recul par rapport au retard est totale. » Alors que le chiffre 10 équivalait à : « Je ne supporte pas le retard et le moindre décalage me met dans un état de tension maximale. »

Premier scénario : Olivier est à l'heure. Bien qu'il soit potentiellement « stressable », il n'est pas stressé puisqu'il n'est pas en retard. Dans ce cas, comme un des deux éléments de la multiplication est nul, le résultat – à savoir le niveau de stress – est nul. Ce qui donne la formule suivante :

0 retard x stressabilité (forte allergie au retard) = 0 stress

Dans l'ensemble, nous aspirons à ce que nos vies soient exemptes de soucis. Nous pouvons faire en sorte de réduire ces sources de contrariété chaque fois que nous avons le loisir de le faire. Mais avons-nous la possibilité de nous prémunir systématiquement de tous les *stresseurs* et de les garder à distance ? Pas toujours…

Deuxième scénario : l'emploi du temps d'Olivier change à la dernière minute – un de ses enfants est malade ou sa voiture tombe en panne –, de sorte qu'il subit un imprévu. Que se passe-t-il ? Les *stresseurs* potentiels s'accumulent, et c'est l'escalade : Olivier ne se sent pas bien. La formule est maintenant celle-ci :

5 stresseurs (retard) x forte stressabilité (allergie au retard) = taux de stress maximal

Troisième scénario : à la suite d'un événement important dans sa vie, Olivier assouplit son attitude vis-à-vis du retard. Il a toujours envie d'être ponctuel, mais il sait que le retard fait partie de la vie (que ce soit son retard ou celui des autres). Il conçoit que le risque existe, et il l'accepte. Augmentons le nombre de *stresseurs* à 8 : tant que la stressabilité (allergie au retard) d'Olivier reste nulle, pas de stress pour lui dans cette situation ! Malgré le retard, il reste posé, il réfléchit, tout en étant engagé et en prenant position afin de trouver l'attitude la plus adaptée au contexte. Il agit en conséquence, mais sans tensions.

8 stresseurs (retard) x pas de stressabilité (allergie au retard) = 0 stress

Nous voyons qu'il existe deux cas de figure dans lesquels notre stress est nul: quand il n'y a pas de stresseurs (dans l'exemple, quand Olivier n'est pas en retard) et quand nous ne sommes pas «stressables» (dans l'exemple, quand Olivier n'est pas réactif face au retard). Or, nous pensons à l'unisson que si nous pouvions vivre sans stresseurs, nous serions plus heureux. Oui, peut-être, mais comme l'est l'antilope dans la savane: calme quand il n'y a pas de prédateur... et malgré tout stressée quand un prédateur surgit!

Bien entendu, dans la mesure du possible, nous pouvons essayer de diminuer les agents extérieurs qui nous dérangent. Nos sociétés occidentales modernes s'attellent d'ailleurs quotidiennement à réduire les *stresseurs* les plus importants, à savoir la maladie, la souffrance et la mort, nous permettant de vivre plus confortablement, avec moins de précarité et d'incertitude.

Au siècle passé, l'Occident a connu une baisse très significative de la mortalité infantile, des décès liés à l'accouchement, des cas de peste, de choléra et de nombreuses autres maladies graves. Ce que les recherches nous ont appris, entre autres sur les vitamines, les sels minéraux, les vaccins et les antibiotiques, nous permet de mieux vivre. L'eau coule de nos robinets, nos maisons sont chauffées, l'éducation est accessible à tous. Au milieu du XVIIIe siècle, la moitié des enfants en France mouraient avant l'âge de 10 ans; l'espérance de vie ne dépassait pas 25 ans, puis elle s'est élevée à un peu plus de 40 ans en 1900, pour atteindre 80 ans aujourd'hui – une hausse qui se poursuit grâce aux progrès dans la lutte contre les maladies cardiovasculaires et le cancer. En Occident, l'Homme n'a jamais vécu avec autant de confort matériel, aussi longtemps et en aussi bonne santé[14].

14. Source: Institut national d'études démographiques (INED), http://www.ined.fr.

Or, malgré l'amélioration de nos conditions de vie, au XXIe siècle, les Occidentaux sont les humains qui subissent les plus forts taux de stress. La stressabilité des habitants des pays en voie de développement est bien moindre que la nôtre, alors que les problèmes auxquels ils doivent faire face sont potentiellement plus mortels que les nôtres.

La solution ne tient peut-être pas alors à la suppression des *stresseurs*…

CONTRÔLER SA STRESSABILITÉ POUR MIEUX SE DISTANCIER

Reprenons l'exemple de John qui n'aime pas les cris. Il a le choix : il peut mettre un certain nombre de choses en place pour empêcher ses enfants de faire du bruit et diminuer les *stresseurs,* par exemple leur demander de jouer dans une autre pièce quand il est là, d'aller se coucher plus tôt, de parler sans hurler, ou se mettre des boules Quiès dans les oreilles quand ils crient… Mais même en étant prévoyant, il ne contrôlera jamais tout et restera toujours susceptible d'être stressé au moindre bruit. Il ne pourra jamais être sûr que son environnement en sera exempt. Il ne sera jamais à l'abri de la venue d'un petit cousin plein de vie, des cris de sa petite dernière ou des voisins qui font la fête – autant d'éventualités qui, si elles surviennent, augmenteront sa contrariété.

John peut aussi décider d'agir sur le deuxième paramètre : sa réactivité au bruit. Il peut apprendre à assouplir sa sensibilité aux cris. En effet, si les *stresseurs-cris* ne dépendent pas de lui, ce qu'il en fait, par contre, dépend entièrement de lui.

Nous pouvons ainsi moduler nos réactivités. Nous pouvons apprendre à nous en distancier, ce qui ne veut pas dire pour autant devenir permissifs et tout accepter. Il s'agit de pondérer nos réactions émotionnelles en mettant en place une autre façon de réagir, qui, elle, ne va pas susciter de stress. Chacun d'entre nous a cette possibilité-là. C'est un potentiel dont chaque humain est pourvu.

Nous pouvons investir dans ce capital en nous positionnant en tant qu'acteurs aux commandes de notre vie, en apprenant à passer d'une position de victimes passives, où nous pensons: «C'est la faute des autres» (*stresseurs*), à une position plus active, qui nous permet d'agir sur notre stressabilité. Dans cette attitude, nous reprenons le contrôle en nous demandant: «Que puis-je faire pour prendre du recul face à cette situation? Comment la gérer autrement? Comment arriver à un meilleur résultat?»

REPRENDRE LE CONTRÔLE DE SOI ET CHANGER D'ÉTAT D'ESPRIT

Le premier pas vers le changement consiste à prendre les rênes de sa vie et à se placer au centre de son monde (sans se prendre pour le centre du monde pour autant!). Il s'agit de cesser de projeter la faute à l'extérieur de soi et d'interpréter les actes d'autrui comme autant de tentatives de provocation ou de domination, puis de prendre la responsabilité de son propre comportement. Inspirons-nous de nos sages philosophes grecs, notamment d'Épictète qui disait, il y a déjà bien longtemps: «Accuser les autres d'un malheur, cela est d'un ignorant. N'en accuser que soi-même, cela est d'un homme qui commence à s'instruire; et n'en accuser ni soi-même ni les autres, cela est d'un homme déjà instruit[15].»

C'est aussi le message de lâcher-prise que nous suggère MC Solaar[16] quand il chante: «Pour aller de l'avant, il faut prendre du recul, car prendre du recul, c'est prendre de l'élan.»

15. Épictète, *Manuel*, Paris, Flammarion, 1999.
16. MC Solaar, *Le bien et le mal*.

Exercice 4

Se recentrer, s'arrêter, respirer

Pour favoriser ce changement, nous vous proposons un exercice tout simple de respiration.

Pourquoi la respiration fait-elle baisser notre stress ? C'est très simple. Le stress est une réaction involontaire qui met notre corps sous tension : accélération du rythme cardiaque, tension musculaire accrue pour réagir à la menace ou paralysie pour faire le mort. En prenant le temps de respirer, nous neutralisons ces effets en envoyant le signal à notre cerveau que nous maîtrisons la situation. Notre rythme cardiaque s'apaise, le nerf vague se relâche, la digestion se fait normalement.

Voici une méthode pour ce faire.

- Installez-vous confortablement :
  - Posez vos pieds à terre, bien à plat.
  - Ancrez-vous dans le sol. Sentez la terre sous vos pieds. Si vous le pouvez, enlevez vos chaussures quelques instants (l'exercice fonctionne tout aussi bien si l'on est chaussé).
- Inspirez lentement en comptant jusqu'à 5.
- Expirez profondément en comptant jusqu'à 5.
- Recommencez lentement, en prenant le temps d'inspirer et d'expirer tranquillement. Vous pouvez comparer votre respiration au lent mouvement d'une vague sur une plage calme. Pendant 5 secondes la mer monte (inspire), pendant 5 secondes la mer se retire (expire).
- À votre rythme, faites plusieurs séries d'inspiration/expiration.

Exercice 4 (suite)

Variante de l'exercice

À tout moment de la journée, prenez quelques secondes pour vous arrêter et respirer consciemment. Centrez votre attention sur votre respiration. Écoutez-la et tâchez d'en ralentir le rythme. Prenez conscience du trajet de l'air qui entre par vos narines et gonfle vos poumons et votre estomac. Puis soyez attentif au trajet inverse de l'air : votre ventre se contracte, expulsant l'air vers les poumons, puis les poumons se compriment et tout l'air ressort de votre corps.

Vous pouvez installer de petits rituels de respiration consciente dans votre journée et les associer à une activité quotidienne comme la douche matinale, le lever des enfants, le départ à l'école, le début du repas, le moment des courses, le trajet en voiture, etc.

Nous disposons de beaucoup plus de ressources que nous ne l'imaginons quand nous coupons le robinet du stress. La respiration nous y aide fortement.

Exercice 5

Faire appel à son propre bon sens

Une autre idée, toute simple, à mettre en place quand vous vous sentez dépassé par les événements (et surtout parce que vous ne vous en sortez plus) consiste à faire appel à votre bon sens.

Pour ce faire, posez ce que vous avez dans les mains à ce moment-là et allez faire un tour. Prenez 3 minutes, 5 minutes, 10 minutes (ou plus si vous avez le temps) pour marcher, seul, et respirer.

Sortez, aérez-vous, respirez et laissez-vous porter par toutes les nouvelles idées qui vous viennent à l'esprit. Faites confiance à votre capacité à appréhender les choses autrement. Faites confiance à votre bon sens, qui refait surface quand le stress disparaît.

Dame Nature à la rescousse

Si la marche est un puissant allié qui nous aide à lâcher prise et à évacuer notre stress, de nombreuses études ont prouvé que le bien-être qu'elle génère est décuplé lorsqu'elle a lieu en pleine nature. Les nombreux effets bénéfiques qu'on en retire (baisse de la tension artérielle et du rythme cardiaque, détente des muscles, etc.) seraient perceptibles en moins de quatre minutes[17].

Allez marcher dans la forêt ou dans un parc boisé pour vous détendre. Admirez les reflets du ciel à la surface d'un lac ; regardez les fleurs autour de vous ; écoutez le chant des oiseaux ; remplissez vos poumons d'air pur. Tous ces éléments vous aideront à vous relaxer.

---

17. Voir notamment la méthode de coaching Métanature que Jean-Luc Chavanis a élaborée en collaboration avec l'Université de Cergy-Pontoise en France.

En bref: Stress et état d'esprit

Dans nos sociétés modernes occidentales, nous remarquons que, dans plus de 90 % des cas, nous stressons alors qu'il n'y a pas de menace réelle pour notre vie. Le stress que nous ressentons est lié à notre *stressabilité*, c'est-à-dire à notre état d'esprit.

Chacun de nous est sensible à des *stresseurs* différents, qui varient en fonction de la culture, de l'environnement, de l'époque et/ou des valeurs qui nous entourent. Nous ne réagissons pas tous ou pas toujours de la même manière à un même événement.

Le stress est donc le résultat de notre stressabilité x les stresseurs.

Deux choix s'offrent à nous pour abaisser notre niveau de stress (quand il n'y a pas de menace réelle pour notre vie):

1. Enlever les stresseurs

Cela n'est pas toujours possible, d'autant plus que notre marge de manœuvre est limitée puisque les stresseurs ne dépendent pas nécessairement de nous. Notons aussi que, même si les maux des siècles passés étaient autrement plus périlleux que ceux qui menacent aujourd'hui nos sociétés modernes, les Occidentaux n'ont jamais été aussi stressés que depuis quelques décennies!

Cette première option semble être difficile à mettre en place et ne constitue donc pas la solution adéquate...

2. Modifier notre stressabilité

Autrement dit, changer notre manière d'aborder les stresseurs.

Bonne nouvelle: nous sommes aux commandes de ce paramètre, qui dépend entièrement de nous! En changeant d'état d'esprit, nous prenons du recul et faisons face au quotidien avec plus de calme et d'efficacité.

La situation problématique est toujours là, mais nous l'abordons sous un autre angle. Comme nous sommes calmes, nous avons plus de ressources et augmentons nos chances de trouver des solutions intelligentes, adaptées aux différentes parties impliquées.

CHAPITRE 5
Le fonctionnement du cerveau et les relations parents-enfants

S'il y a un remède,
à quoi bon le mécontentement ?
Et s'il n'y a pas de remède,
à quoi bon le mécontentement ?

SHANTIDEVA[18]

Essayons de mieux comprendre pourquoi nous vivons autant de pression en famille. Comment expliquer que, dans 90 % des cas, le territoire reptilien de notre cerveau nous envoie un message de stress, alors qu'il n'y a pas de danger réel pour notre vie ni pour celle de notre enfant ? Pourquoi, dans nos relations avec nos proches, l'aspect affectif déclenche-t-il si souvent la sirène du stress ? Qu'est-ce qui peut expliquer que nous perdions nos moyens si souvent en nous mettant dans des états qui nous dépassent ?

Grâce aux progrès de l'imagerie cérébrale et à l'avancée des neurosciences, nous pouvons aujourd'hui mieux comprendre nos attitudes et ce qui les détermine. Nous savons que plusieurs

18. Moine bouddhiste du VIIIe siècle.

parties de notre cerveau influencent le type de pensées, d'émotions ou de comportements que nous avons. Nous vous proposons d'explorer succinctement et très simplement ce fonctionnement, afin de mieux saisir ce qui nous fait agir de façon inadaptée dans certaines de nos relations parents-enfants.

QUATRE SYSTÈMES BIEN DISTINCTS

Plusieurs territoires cérébraux entrent en jeu dans les processus d'interprétation de notre environnement. Ils exercent une influence directe sur nos prises de décision et nos comportements. Chacun a une fonction précise et tous interagissent entre eux.

1er système : le territoire reptilien

Au chapitre précédent, nous avons abordé ce système, qui correspond à la région la plus ancienne du cerveau. Il assure les fonctions vitales de l'organisme, gère le métabolisme et les besoins primaires, comme boire, manger, se reproduire, etc. Il **est le siège des réactions liées au stress et responsable d'assurer notre survie**. Il n'a pas de mémoire, car sa fonction est d'être un *cerveau réflexe*. Chaque seconde qui passe, il perçoit l'état du corps et agit pour rétablir l'équilibre. Si un véhicule fonce sur nous ou sur notre enfant, il nous fait bondir de côté et nous sauve la vie (un stress de fuite dans ce cas précis). De ce fait, il se déclenche prioritairement par rapport aux autres territoires.

Philippe est en train de donner à manger à son fils quand il voit sa fille de deux ans sur le point d'entrer un objet pointu dans la prise électrique. Sous l'effet de la peur, Philippe pousse un cri. Apeurée à son tour par la voix forte de son père, la petite fille lâche l'objet. Le territoire reptilien a gouverné la décision de Philippe, qui était adaptée puisque son cri a sauvé sa fille du choc électrique et qu'il y avait un danger mortel immédiat. La réaction est instinctive et inconsciente.

2e système : le paléo-limbique (ou vieux limbique)

Ce système **assure la survie collective et gère les rapports de force**. Il détermine ce que Jacques Fradin[19] nomme le « positionnement grégaire », à savoir la position instinctive, inconsciente, que nous occupons dans un groupe. Au cours de l'évolution des espèces, ce système aurait permis, en stabilisant nos positions hiérarchiques, de limiter les combats et d'assurer une protection de l'espèce (la survie de l'espèce) en s'inscrivant dans une logique de rapport de force : le plus fort gagne et protège le plus faible, le plus faible se soumet et se met au service du plus fort. Ce système est responsable de la confiance intrinsèque en soi et/ou en l'autre et nous fait agir de manière stéréotypée : nos comportements sont alors très codifiés – reliquat du mammifère primitif – et répondent à une logique de *dominance* ou de *soumission*.

Daphné est dans le métro et voit une bande de jeunes à la mine peu avenante s'approcher de sa copine Fanny. Comme elle se sent plus forte qu'eux, elle s'approche instinctivement de Fanny, la tête haute, les épaules droites, et toise les jeunes qui, du coup, dévient de leur trajectoire. Tout s'est fait en quelques secondes. Elle n'a pas réfléchi. Le cerveau de Daphné lui a dicté qu'elle pouvait utiliser ce rapport de force, ce qui s'est avéré adapté à ce moment-là.

3e système : le néo-limbique

Ce système **mémorise nos comportements, gère nos automatismes[20], nos motivations et notre vie sociale**. Il se souvient, entre autres, si nos vécus étaient *plaisants ou déplaisants*, ce qui donne naissance à nos émotions. En bref, le néo-limbique stocke et gère le souvenir de nos apprentissages ; c'est notre « disque dur », qui conserve nos références. Il les cartographie en les teintant d'émotions, *agréables ou désagréables*, les trie de façon binaire.

19. Jacques Fradin, *L'intelligence du stress*, Paris, Eyrolles, 2008, p. 226, 227.
20. Il n'y a pas que cette partie-là du cerveau qui mémorise nos comportements, mais nous en simplifions ici le fonctionnement dans un but didactique.

D'un côté, le plaisant :

- ce que nous aimons (nos valeurs) ;
- ce qui nous motive (notre personnalité).

D'un autre côté, le déplaisant :

- ce que nous détestons (nos antivaleurs, nos aversions) ;
- ce qui nous démotive (nos comportements interdits, nos tabous).

Le système néo-limbique régit ce qui est **simple et connu**. Il est, de ce fait, incroyablement rapide pour exécuter des actions apprises ou routinières. Il gouverne nos habitudes, c'est-à-dire la plupart de nos décisions.

Lisa emmène ses enfants dans les musées depuis qu'ils sont tout petits. Elle les incite à lire, à découvrir des expositions, à écouter des émissions culturelles. Dès qu'un reportage intéressant est programmé à la télévision, elle en parle à ses enfants pour qu'ils puissent le regarder. Elle pense que ces comportements sont sains, car ils évitent l'inculture. Son attitude est persévérante, peut-être un peu rigide, mais certainement adaptée au développement culturel de la famille. Ses décisions sont pensées, bien qu'un peu automatiques.

4e système : le néocortex préfrontal

Situé juste derrière le front, c'est le système de l'**adaptation et de l'innovation** ; **il gère le complexe et l'inconnu**, les situations pour lesquelles nous n'avons pas d'emblée la solution. Il s'inscrit comme le complément opérationnel des territoires automatiques. C'est un système qui met en place une réflexion avant de proposer une action et qui tente de « ressentir les choses aussi bien que de les concevoir, sans sembler jamais n'être sûr de rien, ou plutôt en restant constamment ouvert à tout[21] ». Il s'agit de la zone la

21. Jacques Fradin, *L'intelligence du stress*, *op. cit.*

plus récente et intelligente du cerveau dont les capacités d'apprentissage sont infinies. Présente également chez certains animaux, c'est néanmoins chez l'humain qu'elle est la plus remarquable (près de 20 % de la masse cérébrale).

Contrairement au 3e système, qui aime ou n'aime pas et fonctionne « aux émotions », le néocortex préfrontal constate, analyse, remet en question, s'ouvre à la nouveauté, s'interroge, crée et va chercher au-delà des apparences. Il nous donne accès à une vision plus large et nuancée, qui s'appuie sur notre intuition et nos vrais sentiments, et non pas notre désir immédiat. Si on nous enlevait les lobes préfrontaux - ce qui pourrait arriver à la suite d'un choc traumatique lors d'un accident de la route, par exemple -, nous n'aurions pas de perte de conscience ni de mémoire, mais nous présenterions une incapacité à relativiser et à nous adapter à des situations nouvelles ou complexes. Nous pourrions continuer à vivre de façon très automatique, mais nous ne serions plus capables de dédramatiser ou de nuancer, devenant binaires, obtus, incapables de nouveauté.

Le territoire préfrontal atteint sa pleine maturité seulement à l'âge de 24 ans. Il est stimulé tout au long de l'enfance, de l'adolescence, mais aussi au cours de notre vie d'adulte, selon la nature même de nos pensées. Synonyme d'intelligence adaptative, il est également le siège de la sérénité, qui engendre des comportements constructifs et calmes même en situations difficiles, stimule notre empathie et notre bienveillance. « Le cœur et la raison se rejoignent dans le préfrontal », explique le professeur Antonio Damasio dans son livre *L'erreur de Descartes*[22].

Dora et Goël ont trois enfants. Mariam, leur plus jeune, a des problèmes de dyslexie et de dysorthographie, auxquels ils s'adaptent inconsciemment. Ils souhaitent offrir les mêmes chances de réussite à leurs trois enfants et font des choix éducatifs

22. Antonio Damasio, *L'erreur de Descartes*, Paris, Odile Jacob, 2006.

différents en fonction de chacun d'entre eux. Ils sont conscients de leurs différences et acceptent de voir le handicap de Mariam. Ils savent que rien n'est jamais acquis ; ils acceptent de se sentir parfois désemparés et savent que les décisions qu'ils prennent aujourd'hui seront, peut-être, à remettre en cause demain. Ils sont toutefois confiants dans leur capacité à faire du mieux qu'ils peuvent dans ce contexte difficile et en ressentent de la sérénité. C'est leur territoire préfrontal qui gouverne leurs décisions, ce qui s'avère approprié à cette situation. Leurs décisions sont plus lentes, car elles sont le fruit d'une pensée plus organisée.

L'axe de ce livre est la puissance d'adaptation et de réflexion que nous procure notre territoire préfrontal et la sérénité qui en découle. Différents chemins ou pratiques mènent au développement de notre capacité à mobiliser cette partie de notre cerveau et de très nombreuses études[23] prouvent que la conscience y contribue. Nous allons vous faire découvrir de manière plus précise, dans les chapitres qui suivent, plusieurs façons de le faire.

Par ailleurs, chacune de ces quatre parties du cerveau assure une fonction particulière dans notre quotidien et gère un ensemble d'informations qui lui sont propres. Ces différentes zones s'influencent mutuellement dans un tissage complexe de connexions neuronales qui induisent notre façon de réagir et expliquent nos réactions, en l'occurrence celles que nous adoptons face à nos enfants.

Bien sûr, le fonctionnement cérébral ne se résume pas à la schématisation de ces quatre systèmes. On estimait en 2010 à

23. Notamment les études de Richard J. Davidson, chercheur en neurosciences, professeur de psychologie et de psychiatrie à l'Université de Wisconsin-Madison, président fondateur du Center for Investigating Healthy Minds du Waisman Center. Certaines de ces études sont reprises dans son dernier livre : *The Emotional Life of Your Brain : How Its Unique Patterns Affect the Way You Think, Feel, and Live*, Plume, 2012. Les neuroscientifiques Sara Lazar et Stanley Krippner ont prouvé également que nous pouvons remodeler certaines parties de notre cerveau selon notre manière de focaliser notre attention et selon la nature de nos pensées.

plus de 100 milliards le nombre possible de neurones dans notre cerveau, chacun capable d'établir jusqu'à 10 000 connexions en moyenne ; le nombre total de connexions potentielles s'élèverait ainsi à plus d'un million de milliards. Difficile de ne pas perdre pied face au gigantisme de ces chiffres ! Cet organe reste probablement, encore à ce jour, le plus mystérieux de notre corps.

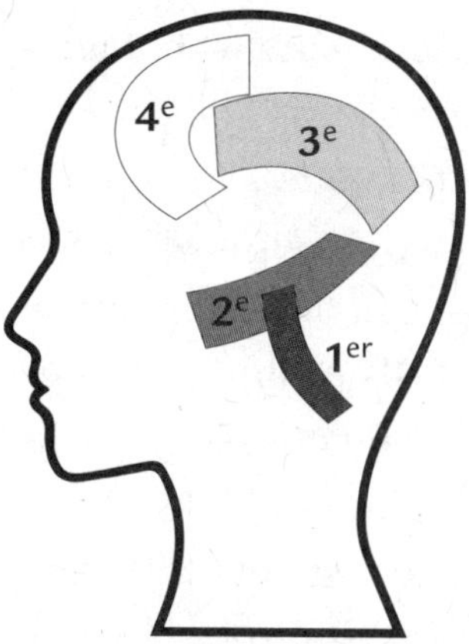

1er système : le reptilien assure la survie individuelle. Il est incontrôlable, spontané et sans mémoire. Il n'est pas sollicité quand il n'y a pas de danger et nous fait ressentir du calme. Quand il perçoit un danger pour notre survie, il réagit de manière stéréotypée en déclenchant des réactions liées au stress : fuite, lutte ou inhibition.

2e système : le paléo-limbique assure la survie collective par le rapport de force. Il gère notre positionnement dans un groupe en prenant des décisions basées sur des rapports de force irrationnels où le plus fort gagne et le plus faible courbe l'échine et se soumet.

3e système : le néo-limbique gère les décisions liées à nos motivations et à notre vie sociale. Il gouverne nos habitudes « sociales », gère le simple et le connu en prenant des décisions rapides et automatiques. Il agit en tenant compte de nos goûts, de ce qu'on aime ou n'aime pas ; il veut du résultat. Les décisions prises par ce système sont empreintes d'émotions.

Quand nous parlerons du *système automatique*, nous ferons référence aux 2e et 3e systèmes qui, ensemble, donnent lieu à des comportements et à des attitudes automatiques, plutôt simplistes. Ces deux systèmes sont parfaits pour gérer des situations simples et connues.

4e système : le néocortex préfrontal gère l'adaptation et l'innovation. On parle aussi d'**intelligence adaptative**. Le néocortex préfrontal voit ce qui se passe, adapte les programmes existants, les affinent, en élabore de nouveaux et complète les décisions quand les autres territoires ne savent plus. Il gère le complexe et l'inconnu tout en nous procurant de la sérénité.

D'UN SYSTÈME À UN AUTRE

Revenons à notre quotidien. Nos émotions nous jouent souvent des tours et nous empêchent d'être sereins et clairvoyants face à la complexité des tenants et des aboutissants de la vie de famille ou de la relation à nos enfants.

Nous avons vu que, dans nos sociétés, dans plus de 90 % des cas, les réactions au stress que nous vivons n'ont pas comme fonction de nous sauver la vie : elles se déclenchent de façon inappropriée alors qu'il n'y a pas de danger réel.

Vous rappelez-vous la dernière fois où vous avez été en danger de mort ? Combien de fois dans votre vie avez-vous affronté une telle menace ? Mis à part quelques rares personnes dont le métier les expose à de fréquents périls (militaires, policiers, pompiers, agents de sécurité, pilotes de chasse, etc.), la réponse est généralement : « Quelques rares fois. »

Et votre dernier coup de stress ? À quand remonte-t-il ? À la semaine dernière ? À hier ? À quelques heures à peine ? La réponse que nous entendons est en général : « Il n'y a pas très longtemps... »

Mais alors, que se passe-t-il, car il semblerait que notre stress soit généré par autre chose qu'un danger de mort ? Essayons de comprendre ces 90 % de cas où nous sommes stressés, bien que notre vie ne soit pas en péril.

Dans la vie de tous les jours, sans le savoir, nos réactions sont influencées par deux systèmes de fonctionnement différents. Tout d'abord, un mode automatique, qui nous permet de gérer les situations *simples et connues*. Dans ce cas, les 2e et 3e systèmes mènent la danse, et c'est très bien puisque c'est leur rôle !

Et puis, quand une situation ne se passe pas comme nous l'avions imaginé ou prévu, qu'elle devient compliquée, donc *complexe* ou *inconnue*, le mode automatique passe le relais au mode préfrontal. Nos décisions sont alors gouvernées par le 4e système, centre névralgique de gestion sereine des imprévus et de la nouveauté. Et c'est tant mieux car c'est lui qui a le plus d'habiletés pour inventer de nouvelles stratégies. Cela est spontané, et nous le faisons en général sans même nous en rendre compte. Rappelez-vous Marie, lors de l'accident de balançoire d'Olenka. C'est son néocortex préfrontal qui a pris la situation en main, qui lui a permis d'appréhender sereinement l'imprévu et de rester maîtresse d'elle-même.

Illustrons ce passage d'un système à un autre par un exemple. Imaginons que nous assistons au match de hockey hebdomadaire de notre enfant. Le système automatique est aux commandes puisqu'il s'agit d'une action routinière et connue. Imaginons maintenant qu'un enfant reçoive un violent coup sur la tête et perde conscience. La situation devenant *complexe et inconnue,* la zone préfrontale de notre cerveau prend immédiatement la relève : nous posons alors des gestes rapides, prévenons les secours et agissons efficacement. En agissant de la sorte, nous avons pris du recul face à l'importance de continuer ou non le match, nous sommes devenus créatifs, intuitifs, adaptés et nous sommes restés calmes même si la situation était complexe, peut-être même grave. Nous sommes mus par une force tranquille qui nous permet d'être efficaces et lucides. Nous avons alors recruté naturellement le 4e système de notre cerveau, la partie préfrontale qui a été conçue pour ce type de situations. C'est un peu comme si nous pensions alors : « C'est trop grave pour que je me permette le luxe de stresser. »

QUAND LE SYSTÈME AUTOMATIQUE RÉSISTE

Mais le même événement peut être vécu différemment et engendrer du stress. C'est ce qui se passe quand le mode automatique perçoit une situation comme étant *simple et connue,* alors qu'elle est devenue *complexe,* et qu'il s'obstine à vouloir décider.

Pourquoi ce type d'erreur ? Parce que le système *automatique* a prioritairement la main sur le 4e système (préfrontal) puisqu'il est « automatique » - donc plus rapide à la décision consciente. Il reproduit ce qu'il connaît, à l'identique et de façon rigide. Et, détail fondamental, c'est lui qui stocke nos valeurs, nos principes, nos références socioculturelles.

Quand nous sommes confrontés à ce que nous n'aimons pas, il s'enraye et nous « coinçons ». Il refuse d'outrepasser ses valeurs et s'obstine à vouloir rester aux commandes de nos décisions. Sauf qu'il n'est pas conçu pour des situations complexes et inédites ; ce blocage engendre donc inévitablement des risques d'erreurs. Conséquence : le mode préfrontal, toujours vaillant sur le pont, détecte le dérèglement, mais ne peut pas prendre le gouvernail de force. Comme le système automatique ne veut plus se débrancher, il déclenche alors une alarme interne pour nous signaler un dysfonctionnement (un danger).

Que fait le territoire reptilien (1er système) face à ce signal ? Son boulot, à savoir sa fonction de base : il génère instantanément (instinctivement) une réponse de stress.

Pour illustrer ce qui précède, retournons à notre match de hockey. Le système automatique aime les parties bien réglées : des passes, des contacts, peu de violence. Il prévoit un « plan de match », un ordre des choses. À un moment donné, un enfant reçoit un coup violent sur la tête et perd conscience. Le système automatique reste aux commandes, car il n'aime pas la violence, les blessures ni même l'imprévu. Il regimbe à s'adapter à la réalité et fait « comme si » rien ne s'était passé ; il refuse de transférer la gestion de la situation au 4e système. Le néocortex préfrontal éveille notre attention en allumant un signal : « Danger, danger ! », nous dit-il, comme le ferait un pilote d'avion envoyant un *Mayday !* pour enclencher une procédure d'urgence.

Le cerveau reptilien entend le signal de danger et envoie sa réponse de stress : nous nous affolons et nous courons comme des poules sans tête dans tous les sens, désemparés, démunis : « Que faire ? C'est grave ! Mais pourquoi lui ? Pourquoi n'a-t-il pas évité le coup ? »

Sans qu'on le sache, en déclenchant une réponse de stress au danger perçu, ce vieux territoire animal s'est fait le porte-parole de notre *intelligence adaptative.*

Tout cela nous permet de comprendre que lorsqu'il n'y a pas de menace réelle pour notre vie, le stress est un signal envoyé par notre zone préfrontale (4e système)[24] pour nous informer que notre façon de penser et d'agir est inadaptée à cette situation. « Passe-moi la main, nous dit-il à sa façon. Moi, j'adore gérer les situations complexes et inédites ! »

Chouette, je stresse ! Quelle chance !

Vu sous cet angle, le stress devient un signal précieux puisqu'il va nous permettre de changer d'attitude. Il peut être vu comme un voyant qui s'allume sur le tableau de bord d'une voiture pour nous avertir qu'il serait judicieux de nous arrêter et de vérifier ce qui ne fonctionne pas.

Faisons un parallèle avec la douleur, signal certes désagréable mais qui indique un dysfonctionnement physiologique ou physique afin de nous inciter à modifier notre comportement. Si nous ne ressentions pas la morsure d'une brûlure en approchant la main du feu, nous risquerions de nous brûler gravement. Méconnaître cette alarme peut être source de problème.

Nous ne souhaitons pas être exposés à la douleur ; cependant, c'est grâce à elle que nous connaissons nos limites et pouvons être plus attentifs à notre corps. Merci, la douleur !

Il en va de même pour le stress. Nous aimerions ne pas stresser et, pourtant, être sous stress alors qu'il n'y a pas de

24. Nous verrons son fonctionnement plus en détail à la p. 99.

danger réel nous donne l'information vitale que nous pensons ou nous comportons de manière inadaptée. Merci, le stress !

Voir les choses sous ce jour-là est un bouleversement. Nous pensons généralement que le stress vient de l'extérieur, que ce sont les autres qui l'induisent et non pas nous. Nous avons l'habitude de penser qu'« éduquer des enfants est stressant » et non pas que « parce que nous stressons, éduquer des enfants devient difficile ».

Alors que le stress nous presse, nous compresse, il s'agirait à présent de reconnaître ce « fléau » comme un allié ? Comme un signal ?

Difficile à admettre.

Et pourtant, chaque fois que nous changeons d'état d'esprit et prenons du recul face à une situation complexe, nous redevenons plus sereins et nous sommes plus efficaces pour trouver des solutions à nos tracas. Nous découvrons de nouvelles façons d'agir, nous rebondissons avec plus de légèreté et nous prenons de nouvelles routes pour arriver à notre objectif initial.

La difficulté n'est plus un problème, mais une expérience, un aléa de la vie, un contretemps, un défi…

Dans un monde idéal, nous pourrions supposer que, si le préfrontal prenait la main chaque fois que nous sommes confrontés à une situation complexe, nous gagnerions la capacité à ne plus stresser inutilement. Le territoire reptilien ne déclencherait sa réponse de stress que dans des cas réels de menace pour notre survie ; nos peurs, nos colères ou nos tristesses seraient alors l'expression adaptée d'émotions saines.

Nous avons demandé à Diane T., une maman de quatre enfants, de nous dire ce que la connaissance de ce modèle de fonctionnement du cerveau lui avait appris et en quoi cela changeait son quotidien avec ses enfants. Voici ce qu'elle nous a répondu : « Aujourd'hui, quand je stresse, je comprends que c'est mon intelligence adaptative (4e système) qui m'envoie un signal. Alors, je prends du recul parce que j'accepte de voir que ce n'est pas comme ça que je trouverai des solutions à mon problème. Du coup, je gagne en sérénité, en ouverture d'esprit, en cohérence et en créativité. En adoptant une "attitude préfrontale", je peux me détacher de mes émotions, qui m'envahissent parfois de manière dévastatrice. Je suis à même de retrouver mon calme et de traverser des crises sans être secouée par la tempête de mes émotions, comme je l'étais avant... Je deviens curieuse et éveillée à ce qui pourrait se passer. Je ne nie pas la réalité, même quand elle me déplaît, et je réagis de manière plus adaptée en gardant mon objectif en vue.

« Lors d'un désaccord avec les enfants, poursuit-elle, si je reste dans mes automatismes, je réagis alors en étant en colère, en leur faisant la morale ou en étant triste. J'ai des pensées toutes faites comme : "Je savais que ça allait se passer comme cela ! » "C'est toujours la même chose avec les enfants !" "On ne peut jamais leur faire confiance !" Mon postulat ne m'avance pas à grand-chose, mis à part tourner en rond...

« Quand j'arrive à "activer mon préfrontal", ajoute-t-elle, je deviens plus souple et innovante, je réagis de façon inhabituelle, inattendue et tellement plus adaptée. Je commence à voir tout ce qui se passe autour de moi. Je peux m'observer être énervée parce que, par exemple, mon fils me dit qu'il est allé étudier pour son examen chez un copain alors qu'il est allé au cinéma. En même temps, je peux me demander : "Pourquoi te mets-tu en colère ? Qu'est-ce que tu veux dire à Michael que tu n'arrives pas à communiquer calmement ?" Je suis à la fois actrice et spectatrice de moi-même, à la fois dans le présent et dans l'anticipation du futur. Ce qui me permet de faire passer mes messages avec plus d'éloquence et de finesse. Quand j'arrive à être comme ça, je me sens comme un pilote qui peut à la fois regarder devant lui et penser à sa destination finale. Du coup, je peux virer au sud alors que mon cap est au nord, un peu comme si je voyais un vol de canards sur ma trajectoire et que je comprenais qu'il serait plus opportun de changer momentanément de route si je voulais arriver à bon port[25]. Je n'y arrive pas toujours, et ce n'est pas grave. Personne n'est parfait! Je me rends compte aussi que plus je pratique cette prise de recul, plus ça devient facile. Plus je relativise la gravité des situations en les remettant dans un autre contexte, plus je reste calme. »

Que les neurosciences viennent confirmer ce fait - à savoir que, biologiquement, nous sommes dotés d'un territoire cérébral qui nous permet de gérer la complexité dans la sérénité - est plutôt positif. Cependant, si nous pouvons physiologiquement basculer d'un système à un autre, utiliser notre préfrontal pour faire baisser notre stress, cela ne veut pas dire que nous allons y arriver chaque fois. Si nous pouvons apprendre à être plus souples et, de là, augmenter notre capacité à gérer sereinement les situations complexes, cela ne veut pas dire que nos résistances disparaîtront miraculeusement du jour au lendemain. Nous ne serons peut-être pas capables, instantanément, de ne plus nous énerver la prochaine fois...

Cependant, le fait de savoir que le stress est un signal de notre cerveau qui nous indique un dysfonctionnement quelque part nous permet de voir les choses sous un autre angle. Car cette information nous replace au centre du problème, dans un rôle actif, où les choix nous appartiennent.

---

25. De nombreuses observations cliniques ont pu démontrer que, lorsque le néocortex est détruit (à la suite d'un accident, par exemple), la personne perd sa capacité à élaborer des réflexions complexes, à planifier, à raisonner de manière déductive, à récupérer des souvenirs, à contrôler ses humeurs, à se motiver, à prendre des décisions ainsi qu'à traiter des conflits et à définir une intention ou à donner du sens. Voir notamment les travaux d'Antonio Damasio (1995) dans la bibliographie p. 198.

LA RESPONSABILITÉ DU CHOIX

Même si nous subissons un grand nombre de contraintes déplaisantes, contraintes pas toujours désirées, nous sommes acteurs de nos propres vies. Nous avons le choix. Même si certains contextes sont extrêmement difficiles, souvent injustes, parfois cruels, nous avons toujours le choix d'aller à droite, d'aller à gauche ou de ne rien faire... Nous avons le choix d'être touchés (et de nous bloquer dans une attitude automatique quand notre ego prend le dessus) ou le choix de prendre du recul (et d'accepter ce qui nous dérange). Se recentrer sur soi, libéré des attentes des autres, et agir en fonction de ses propres critères permettent d'avoir un autre angle de vue pour résoudre le problème.

Nous sommes libres de prendre les choses personnellement ou pas. Libres de rester enferrés dans un comportement qui nous emprisonne ou de réfléchir à de nouvelles solutions. Nous sommes libres de changer ou pas.

Nelson Mandela n'a pas choisi d'aller en prison et d'y rester enfermé pendant 27 années. Son choix s'est exprimé dans la façon dont il a décidé de vivre son emprisonnement. Il aurait pu rester coincé dans la colère, l'amertume ou la rancœur. Il aurait pu s'installer dans la plainte, l'apitoiement ou subir son sort avec fatalité. Il a choisi au contraire d'accepter la contrainte comme faisant partie de sa vie. Il a choisi une autre vision de la réalité et s'est ouvert à la possibilité de faire autrement.

REPÉRER LE SYSTÈME AUX COMMANDES

Comment apprendre à changer plus spontanément d'état d'esprit, c'est-à-dire à basculer plus consciemment d'un système à un autre ? Cette modification de notre attitude permet de passer d'un comportement automatique, générateur de certitudes et de tensions, à un comportement plus souple, qui incite à tirer parti d'un savoir-être inspirant et de gérer plus sereinement les problèmes qui se posent à nous.

Nous allons vous proposer dans les chapitres suivants plusieurs exercices pour changer de comportement. Le premier enjeu consiste à repérer systématiquement dans quel état d'esprit vous êtes : automatique ou préfrontal ? Stressé ou calme ? Pas toujours facile à faire quand nous sommes sous stress puisque nous perdons notre clairvoyance. Ce n'est souvent qu'après coup que vous gagnerez la capacité de voir que vous étiez stressé.

Exercice 6

Identifiez quel système vous gouverne

Dans une situation complexe et nouvelle, où vous sentez des tiraillements et de l'inconfort, pour savoir qui décide en vous, qui gouverne, les questions à vous poser sont les suivantes :

- Est-ce que je ressens de la gêne, de l'inquiétude ?
- Suis-je énervé, sous pression ?
- Suis-je abattu, déprimé[26] ?

Si vous répondez par l'affirmative à ces questions, vous pouvez en conclure :

Je suis stressé. (1er système, reptilien.)
Votre réaction sera instinctive et dépendra de votre stress. Reprenez le tableau des états de stress et des émotions et pensées qui y sont associées, p. 58-60. Vous n'aurez pas accès à une réflexion posée. Vous ne prendrez pas le temps de voir les choses avec recul et discernement.

Poursuivez votre questionnement :

- Ai-je un besoin irrationnel d'avoir le pouvoir ? Est-ce que je « me vis » comme un gagnant naturel dans le rapport de force grâce à mon pouvoir de séduction ou de déstabilisation, ou encore par mon mépris ? Ai-je la crainte irrationnelle de me faire détrôner si je dis « oui » ? Si c'est le cas, vous sentirez malgré vous que ce n'est pas négociable et que « ça doit être comme vous le voulez ».

26. Voir p. 43-50 pour les détails de ces trois états de stress.

Exercice 6 (suite)

- Ai-je au contraire une attitude de soumission ? Est-ce que je « me vis » comme un perdant dans le rapport de force, mais protégé par plus dominant que moi comme récompense de ma soumission ? Ai-je une peur instinctive de prendre trop de place et de dire « non » ? Est-ce que je ressens une culpabilité incontrôlable qui me pourrit la vie ? Si c'est le cas, vous vous sentirez coupable de quelque chose et agirez en vous pliant aux désirs de l'autre afin de réparer la « faute commise ».

Si vous répondez par l'affirmative à ces questions, vous pouvez en conclure :

Je suis dans un rapport de force. (2ᵉ système, survie collective.)

Votre réaction sera *animale* et sans anticipation. Dans les deux cas, vous n'aurez pas accès à une réflexion posée et agirez plutôt « malgré vous », soumis à des pulsions qui vous dépassent.

Poursuivez encore votre questionnement :

- Est-ce que je réagis du tac au tac, sans prendre de recul ?
- Est-ce que je généralise ? dramatise ?
- Est-ce que je veux convaincre ?
- Est-ce que je me plains en pensant que c'est la faute des autres ?
- Est-ce que je prends les choses de façon très personnelle ?
- Est-ce que je me dis que je n'ai pas le choix, qu'il n'y a pas d'issue ?

Dans ce cas, votre réaction sera rigide et binaire, et vous ressentirez du stress.

Si vous répondez par l'affirmative à ces questions, vous pouvez en conclure :

Exercice 6 (suite)

Je suis enfermé dans un comportement automatique. (3e système, motivation et vie sociale.)
Dans ce cas-là, votre réaction sera rapide et automatique. Vous agirez sans réfléchir, comme vous avez l'habitude de le faire ou comme vous avez appris à le faire puisque c'est « comme ça qu'on doit le faire ».

Enfin, demandez-vous :

- Ai-je du recul sur les événements ?
- Est-ce que je me sens calme malgré la complexité de la situation ?
- Est-ce que j'accepte la responsabilité de mes actes ?
- Est-ce que je ressens de l'empathie ?

Si c'est le cas, vous pourrez conclure :

Je me sens libre dans mon attitude, nuancé, lucide sur les risques encourus. (4e système, préfrontal.)
Votre réaction sera souple et adaptative. Vous pourrez être acteur et observateur à la fois et vous poserez vos actes en votre âme et conscience, en étant serein, en assumant ce que vous faites, quelle que soit la décision prise. Vous accepterez les « erreurs » (pour le néocortex préfrontal, il n'y a pas « d'erreur ») comme faisant partie du processus de décision, et vous vous sentirez libre de changer d'opinion si vous jugez plus tard avoir eu tort. Votre point de vue sera ouvert et souple ; il évoluera en même temps que les événements.

En bref: Un cerveau, quatre systèmes

Notre cerveau nous permet de nous adapter à l'environnement, sous la gouvernance de quatre systèmes différents:

Un système réflexe:

- 1er système, reptilien: il gère les situations basiques de survie de l'individu en générant du stress. Sa fonction est de nous permettre de rester en vie. Il est adapté en cas de danger réel.

Deux systèmes formant le système automatique:

- 2e système, survie collective ou rapport de force: pour assurer la survie du groupe, il privilégie le rapport de force et se positionne en tant que dominant ou en tant que soumis.
- 3e système, motivation et vie sociale: il fonctionne aux émotions en se basant sur nos valeurs. Il reproduit ce qui a marché et évite ce qui n'a pas fonctionné.

Ces deux systèmes sont adaptés pour gérer des situations simples et connues.

Un système intelligent et adaptatif:

- 4e système, adaptation et innovation, le préfrontal: il utilise les connaissances et les compétences stockées dans les systèmes automatiques et fait des liens innovants en fonction de la situation présente. Il crée de nouveaux programmes quand les autres systèmes ne sont plus capables de gérer la situation. Il est conçu pour gérer la complexité et l'inconnu, et nous procure de la sérénité, même si la situation est grave.

Le stress, un signal précieux

Quand nous ne sommes pas en danger de mort, le stress est un précieux signal envoyé par le territoire préfrontal de notre cerveau pour nous indiquer que nous n'agissons pas sous la gouvernance du bon système. « Hé ho ! c'est mon boulot de gérer ce qui est complexe ! », vient-il nous dire au moyen du stress. « Lâche le pilote automatique et laisse-moi prendre les choses en main. »

Tout va bien tant que chaque système décide et agit au moment opportun. L'idéal serait que les systèmes collaborent entre eux en vue d'un même objectif et qu'ils soient orchestrés par le néocortex préfrontal. Or, le cerveau n'est pas homogène, car il est fait de populations de neurones qui ne visent pas les mêmes buts et chaque territoire compte ses billes.

On peut apprendre à faire appel à notre intelligence adaptative (4e système) pour retrouver notre capacité à prendre du recul et gérer plus efficacement des situations complexes. Dans notre rôle de parent, passer en mode préfrontal a pour résultat de nous apaiser et de faciliter la relation à notre enfant, en nous permettant de transmettre sereinement nos valeurs.

CHAPITRE 6
Le système préfrontal : l'art de prendre du recul

C'est la pensée qui fait
que le malheur a si longue vie.

WILLIAM SHAKESPEARE

Quand on a compris que ce n'est pas la réalité en soi qui est le problème, mais plutôt le regard que l'on pose sur cette réalité, comment alors changer de regard ? Comment prendre du recul ?

Nous serions tentées de vous donner la réponse. Mais, dans le but de solliciter votre intelligence adaptative et de faire d'une pierre deux coups, nous vous proposons de parcourir ensemble ce qui freine justement l'accès au système préfrontal, générateur de ce recul. Allons faire un tour du côté de nos blocages, à savoir nos automatismes.

Nous passons une bonne partie de notre vie à engranger des habitudes, sans même penser à ce que nous faisons. Comme à la naissance quasi tout ce qui nous entoure nous est inconnu, nous apprenons jour après jour à décrypter notre environnement. Puis, nous répertorions ce que nous découvrons et nous emmagasinons ces expériences émotionnelles : nous remplissons notre bibliothèque personnelle. Les habitudes, d'une certaine façon, servent à consolider nos apprentissages, en nous aidant la fois suivante à répéter ce que nous avons appris.

L'humain est ainsi fait qu'il recherche d'abord l'assurance de ce qu'il connaît, la certitude de ses acquis. Dans la mesure où le changement bouscule nos automatismes, il représente pour nous (pour une partie de notre cerveau) un danger potentiel que nous voulons éviter. Nous sommes naturellement résistants au changement ; il est plus facile de continuer à faire ce que nous connaissons que de faire quelque chose de nouveau, d'explorer l'inconnu ou de changer nos habitudes[27].

Dans le but de comprendre pourquoi il nous arrive de nous figer parfois dans des comportements qui ne sont pas adaptés à la situation, examinons le système responsable de ces automatismes. Essayons de cerner pourquoi, face à nos enfants, nous agissons de manière stéréotypée, automatique et rigide. En conséquence de quoi, nous stressons inutilement et compliquons notre relation à l'autre.

LE SYSTÈME AUTOMATIQUE, MAÎTRE DES RÉACTIONS STÉRÉOTYPÉES ET RIGIDES

Nos valeurs, nos préférences et nos goûts sont gouvernés par ce système. Grâce à lui, nous savons qu'il y a des choses que nous aimons et d'autres que nous n'aimons pas. Son rôle consiste à collecter et

27. Certaines personnalités sont beaucoup plus stimulées par le changement que d'autres. Elles aiment la nouveauté, l'inconnu, et craignent à l'inverse la routine et la répétition, qui les ennuient. Quant à notre néocortex préfrontal, il est fait pour gérer l'inconnu. Nous pourrions donc nuancer nos propos en disant que si l'être humain est naturellement résistant au changement, il est aussi naturellement adaptable.

à stocker nos vécus dès notre premier jour sur terre. Il génère des schémas d'actions qui se sont avérés efficaces par le passé et il les reproduit à l'identique, selon un processus d'automatisation. On ne réfléchit pas : on tient compte de ses expériences passées et de ses goûts pour réagir « automatiquement » en reproduisant des comportements ou des pensées, ou en les évitant. Dans la vie, nous faisons beaucoup de choses par habitude, mais toutes nos habitudes ne sont pas bonnes.

Cette zone de notre cerveau est extrêmement performante pour gérer des situations connues et simples. Elle est imbattable pour des actions rapides ou pour faire face aux situations routinières de la vie de tous les jours.

Une grande partie de l'éducation de nos enfants se fait grâce à ce système automatique. Nous superposons des croyances et des vérités, nous reproduisons des faits sans les remettre en cause. C'est tant mieux, car la répétition et l'automatisme génèrent une forme d'apprentissage. Nous agissons selon un mécanisme nommé le *conditionnement opérant*[28], qui nous encourage à reproduire une action pour laquelle notre organisme a été récompensé et à éviter celle qui a été suivie de conséquences désagréables.

Plus nous adoptons un comportement qui marche, c'est-à-dire pour lequel nous obtenons une *récompense*, plus nous continuons à le faire. Quand l'automatique est aux commandes, nous faisons « toujours plus de la même chose ».

Suivons Jules, qui a six ans, et qui accompagne sa maman au marché. Quand ils arrivent sur place tous les deux, l'odeur d'une bonne crêpe vient chatouiller ses narines.

« Maman, maman, je veux une crêpe ! » réclame-t-il.

Sa maman refuse.

---

28. Mécanisme identifié au milieu du siècle passé par le psychologue américain B. F. Skinner, au centre des théories comportementalistes (behaviorisme). Le conditionnement, selon Skinner, est lié à l'influence de l'environnement, qui renforce positivement ou négativement ce comportement.

Il insiste.
Elle dit non.
Jules pleure.
Sa mère tient bon.
Il trépigne et fait une scène.
Elle finit par céder…

D'après vous, que se passera-t-il la prochaine fois qu'ils iront au marché et que Jules verra le marchand de crêpes ? Il en redemandera. Et que se passera-t-il si sa mère finit par dire oui chaque fois ? Il y a de grandes chances qu'il reproduise le comportement qui consiste à trépigner ou à faire une scène pour obtenir ce qu'il veut. C'est ainsi qu'un comportement que l'on voudrait voir disparaître et qui perdure malgré nos efforts est en quelque sorte encouragé, récompensé (probablement sans que l'on s'en rende compte).

À l'inverse, nous arrêtons d'agir quand il y a *punition,* non pas au sens commun du terme, mais lorsque notre comportement induit une conséquence désagréable pour nous. Suivons de nouveau Jules.

En arrivant au marché, il réclame sa crêpe et fait une crise.

Sa mère dit non et poursuit ses emplettes.

Elle ne valorise pas son comportement et ne cède pas à ses exigences.

Il se met à pleurer.

Sa mère le laisse pleurer sans pour autant accéder à sa demande.

Jules trépigne.

Sa mère lui parle gentiment tout en stipulant fermement qu'il n'aura pas de crêpe. Son attitude est impassible.

Au bout d'un certain temps, Jules arrête de faire appel à ce comportement et de réclamer des crêpes quand il va au marché.

La majorité des décisions que nous prenons en mode automatique sont rapides, car elles font appel à des choix routiniers. Nous piochons dans ce que nous connaissons et avons enregistré dans notre bibliothèque centrale. La palette des possibles se compose de ce que nous avons déjà expérimenté, au moins une fois.

Quelle chance d'avoir en nous un pilote automatique ! Grâce à lui, nous agissons rapidement sans devoir réinventer la roue à chaque seconde. Nous retenons ce que nous avons appris, nous enfonçons le clou pour consolider les habitudes. Nous pouvons faire de multiples choses sans même y penser, par exemple descendre les escaliers quatre à quatre (sans devoir décortiquer l'action), cuisiner la bonne vieille recette de mamie, nous brosser les dents au saut du lit, conduire une voiture, faire du sport, faire réciter les leçons aux enfants, etc. Cette façon de penser et de fonctionner peut se définir selon six caractéristiques (qui sont opposées à celles du mode adaptatif préfrontal que nous verrons plus loin).

Les six piliers du système automatique

Pour mieux comprendre nos comportements quand nous agissons sous l'influence de ce mode mental, regardons comment notre système automatique voit, par exemple, la scolarité de nos enfants et le type de pensées qu'il nous envoie.

Le système automatique programme le début des études primaires à 6 ans et la fin des études secondaires à l'âge de 16 à 18 ans (selon les pays). Il s'inscrit dans une logique d'obligation scolaire, de réussite sociale, de refus de l'échec. Il récompense le meilleur, blâme l'insuccès, a tendance à cloisonner et à catégoriser. Dans cet état d'esprit :

1. Nous privilégions la **routine** et les **habitudes**. Nous pensons : « Il faut aller à l'école tous les jours. Le rituel construit un enfant. »

2. Nous sommes **persévérants** et nous agissons selon des directives précises. Nous ne sortons pas de ces consignes et nous gardons le cap sans chercher à nous adapter à un autre programme que celui qui est prévu. Nous refusons les obstacles. « Il faut qu'il aille à l'école jusqu'à la fin de son secondaire. Je refuse l'échec ou toute autre opinion différente de la mienne. »
3. Nous traitons l'information de manière **binaire et simpliste**. Notre réalité se décline en deux points : vrai ou faux, tout ou rien, bien ou mal. La **simplification** de l'information perçue nous permet de décider rapidement. « Il y a les bonnes écoles et les mauvaises, les élèves consciencieux et les paresseux, les intelligents et les idiots. Pour réussir, il faut travailler dur ! »
4. Nous ne remettons pas en question nos **certitudes**. Notre perception de la réalité est la réalité. Nous sommes certains que notre façon de voir les choses est l'unique façon et, bien entendu, la bonne. Nos croyances forment le socle de notre réalité. « Pour réussir dans la vie, il faut réussir ses études, pas d'autres choix possibles. Les standards sont importants. Sans diplôme, pas de travail. »
5. Les décisions prises se basent sur nos expériences passées, notamment celles qui ont **produit un résultat**. Nous sommes pragmatiques et concrets. Nous appliquons les recettes toutes faites qui ont fait leurs preuves. « J'ai l'expérience et je sais ce que mes enfants doivent faire pour réussir. Ce n'est pas à un vieux singe qu'on va apprendre à faire des grimaces ! »
6. Nous sommes des êtres essentiellement sociaux. L'**image sociale** est capitale pour nous. Nos décisions sont prises aussi en fonction des autres individus du groupe. Ils ont le pouvoir de déterminer ou d'influencer nos actes et nos pensées. « Que pensera la famille s'il ne décroche pas un diplôme ? » « Il faut qu'il aille dans cette école qui a bonne réputation. »

Pour toutes les situations simples de la vie de tous les jours, il est reposant de faire appel à cette façon de voir les choses. Dans notre rôle d'éducateurs, nous passons, sans le savoir, une bonne partie de notre temps à mobiliser ce système automatique, car il est prompt et assidu. Il nous permet de reproduire rapidement ce que nous connaissons, en nous appuyant sur des habitudes, des coutumes, des goûts, des valeurs, des traits de personnalité, des préférences, grâce à quoi nous transmettons des règles et des valeurs à nos enfants et nous fixons des normes. Ce mode mental reste cependant fragile car il n'est pas capable de gérer le changement.

C'est ainsi que, lorsque nous sommes confrontés à une situation plus délicate, voire inattendue, ce système automatique lâche le contrôle et passe la main. Le système préfrontal prend la relève, s'adapte au nouveau contexte et gère la complexité, qu'il maîtrise. Nous mobilisons ainsi naturellement un autre système. On dit qu'il y a « bascule » d'un mode mental à un autre.

Ce processus se fait tout seul, sans que nous en ayons conscience : la seule façon de savoir que nous sommes passés en mode préfrontal est la sérénité que nous ressentons, bien que la situation à laquelle nous sommes confrontés soit complexe et/ou inhabituelle.

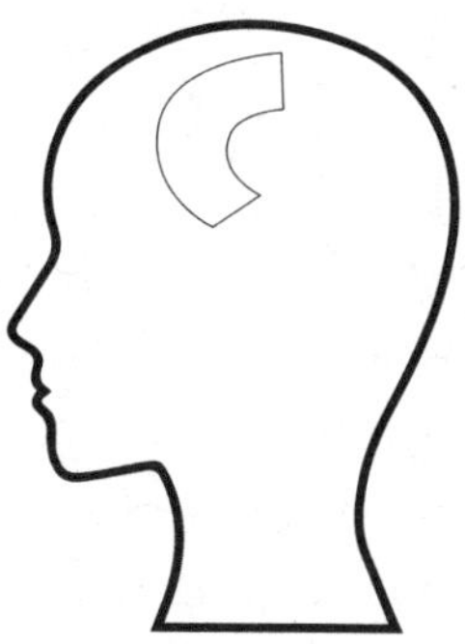

LE SYSTÈME PRÉFRONTAL, SIÈGE DE L'INTELLIGENCE ADAPTATIVE

« Réfléchir, c'est déranger ses pensées », écrivait Jean Rostand[29]. C'est un peu ce qui se passe dans notre néocortex préfrontal, siège de l'**intelligence adaptative,**

29. Jean Rostand, *Pensées d'un biologiste*, Paris, Stock, 1963.

quand nous prenons du recul pour voir les choses différemment et trouver une nouvelle façon d'agir.

En quelque deux millions d'années, notre cerveau a triplé de taille. Les régions qui ont le plus augmenté de volume se situent justement au niveau du néocortex préfrontal. Cette zone est le seul territoire du cerveau qui ne recherche pas la satisfaction immédiate de nos plaisirs. Celui-ci propose des solutions en temps réel en tenant compte de données beaucoup plus larges. Il est multitâche, capable d'être concentré sur quelque chose de très précis tout en voyant la globalité de la réalité qui l'entoure.

Comme lorsque nous conduisons une voiture : nous regardons la route tout en étant attentifs à ce qui se passe loin devant. Nous surveillons les bas-côtés, mais aussi la signalisation routière, les autres véhicules et les conditions météo ; nous jetons régulièrement un œil sur le tableau de bord et sur les enfants assis à l'arrière du véhicule. Tout cela en écoutant la radio ou la conversation du passager.

Le système préfrontal est à la fois dans le détail et dans le global. Il prend de la hauteur, planifie, surveille et contrôle nos impulsions qui, elles, nous poussent à vouloir un résultat instantané et à refuser la contrariété. C'est notre atout majeur pour faire face à la complexité : il questionne, pense et agit en temps réel, en recherche permanente. Quoi ? Comment ? Pour qui ? En quoi ? Pourquoi pas ? Et alors ? C'est le préfrontal qui a pris la main quand Marie a pu garder son sang-froid lors de la chute de balançoire d'Olenka. C'est lui qui permet à Diane de prendre de la distance face à ses enfants et d'agir posément, et ce, contrairement à ce que ferait le système automatique. La compréhension de son fonctionnement va nous permettre de comprendre comment sortir de nos états de stress. Et surtout, de gagner en sérénité et en efficacité avec nos enfants.

On pourrait comparer ce 4e système à un aviateur hors pair qui intégrerait un ensemble d'informations variées, globales ou spécifiques, qui les analyserait puis les traiterait, pour finalement présenter le plan de vol le plus adapté au contexte. C'est le sommet de notre intelligence, qui constate lucidement et propose des solutions, sans se laisser influencer par nos émotions ou nos instincts. Le préfrontal met en relation le passé, le présent et le futur. Il joue un rôle essentiel dans l'anticipation et les choix qui s'offrent à nous.

Les six piliers du système préfrontal

Reprenons l'exemple de la scolarité de nos enfants et voyons quels types de pensées ou de commentaires nous aurions à la lumière de notre intelligence préfrontale. On dit de ce mode mental qu'il est souple et adaptatif. Il envisage la scolarité dans une globalité qui dépend du contexte : rien n'est défini d'avance. Le chemin est plus intéressant que le but.

1. Nous sommes **curieux** face à chaque situation, nous nous ouvrons à la nouveauté sans raison spécifique. « Et si j'allais voir d'autres écoles ? Comment être curieux par rapport à la scolarité de mon enfant ? Si je me renseignais sur ce qui est proposé ailleurs (dans d'autres établissements, sur Internet, à l'étranger, etc.) ? »
2. Nous faisons un état des lieux et **acceptons de voir la réalité**. Nous rendons les choses fluides, nous nous adaptons à ce qui se passe. C'est la sagesse de la prière de la sérénité[30] : « Donnez-moi la sérénité d'accepter les choses que je ne peux pas changer, le courage de changer celles

30. Très souvent attribuée à Marc Aurèle ou à saint François d'Assise, cette prière aurait été écrite par le révérend Reinhold Niebuhr et publiée pour la première fois en 1935 : « *God, give us grace to accept with serenity the things that cannot be changed, courage to change the things which should be changed, and the wisdom to distinguish the one from the other.* »

que je peux et la sagesse de distinguer les premières des secondes. » « Ce n'est ni bien ni mal : ça existe. Comment m'adapter au mieux à cette réalité ? »

3. Nous percevons la subtilité et **nuançons** notre perception de l'environnement en nous intéressant aux détails. « La scolarité ne se réduit pas à un échec ou à une réussite : c'est plus complexe que ça. Je vois les avantages et les inconvénients de telle école. Il y a plein de façons d'accomplir sa vie. On est tous le "bon élève" de quelqu'un et le "mauvais élève" de quelqu'un d'autre… »
4. Nous **relativisons**, voyons les choses plus globalement et sommes aptes à changer notre regard sur les choses et les gens, à naviguer dans l'incertain et à douter. « C'est quoi rater un examen par rapport à l'échelle d'une vie ? Si les études sont indispensables dans certains cas, je connais des personnes qui y sont arrivées autrement. » « Les imbéciles pensent que tous les Noirs se ressemblent. Je connais un Noir qui trouve, lui, que tous les imbéciles se ressemblent[31]. »
5. Nous prenons le temps de **réfléchir**. « Je dépasse les apparences et j'aime comprendre ce qui va permettre à mon enfant d'évoluer. Je me pose des questions. Résoudre un problème est toujours moins coûteux que de le garder. Qu'est-ce qui explique ses résultats, son échec, sa réussite ? » « L'intelligence vous ennuie ? Essayez la bêtise[32]. »
6. Enfin, nous nous appuyons sur notre **opinion personnelle** et nous nous individualisons dans nos prises de décision. « Est-ce que je pense, moi, qu'il y a moyen de réussir sa vie en ayant raté une année scolaire ? Au fond, quel est mon point de vue personnel ? Qu'est-ce que cela touche chez moi en termes d'image ? J'assume les effets de mes actes et je n'ai plus peur du poids de l'erreur. J'assume socialement mes décisions. »

31. Philippe Geluck, humoriste belge, dessinateur de BD, auteur du *Chat*.
32. Albert Einstein.

Dans l'éducation de nos enfants, le système préfrontal nous incite à la tolérance (sans être permissif pour autant), à la compréhension (sans laxisme) et à l'ouverture du cœur (exempt de sentimentalisme). C'est toujours lui qui est capable de percevoir, dans l'échec scolaire de notre enfant, une occasion de rebondir sur une nouvelle façon de se construire et d'évoluer. C'est lui aussi qui nous fera adapter nos choix pédagogiques en fonction de la personnalité de chaque enfant, car il sait que ce qui marche pour l'un ne fonctionne pas toujours pour l'autre.

ENTRE MODE AUTOMATIQUE ET MODE PRÉFRONTAL

Pas facile de rester calmes et maîtres de soi, notamment dans notre vie de tous les jours. Et pourtant, nous sommes si souvent capables de le faire lors d'événements inattendus. Regardons une scène familiale entre un père et son fils pour voir ce qu'il en est.

Medhi joue au ballon dans la salle à manger pendant que son père, Jean-Louis, travaille à l'ordinateur. Jean-Louis demande à plusieurs reprises à Medhi d'aller jouer dehors. Comme il est concentré sur son écran, il ne prend pas le temps de s'arrêter de travailler pour faire face à son fils et lui envoyer un message clair. Il marmonne quelques mots devant son clavier... Vient le moment quasi inévitable où Medhi casse une lampe récemment acquise. Jean-Louis explose ! Il râle, furieux, parce qu'il a prévenu Medhi et que, malgré son insistance, ce dernier n'en a pas tenu compte. Résultat : l'objet auquel il tenait est cassé... Le stress monte. Jean-Louis s'énerve et perd patience ; il parle durement à son fils, qui lui répond tout aussi mal. La communication est rompue. Jean-Louis ruminera dans son coin en pensant : « Ah, ces jeunes ! Ils n'entendent rien et ne respectent rien ! Il faut leur dire les choses 20 fois ! Et encore, on se demande à quoi ça sert ! »

Selon la personnalité et l'éducation de chacun, il s'ensuivra de la mauvaise humeur, de la rancune, une bouderie ou une punition, etc.

D'après vous, mode automatique ou mode préfrontal ? Jean-Louis est-il proactif dans la nuance et réfléchi, ou bien est-il rigide, obtus, tendu ?

Nous entendons d'ici vos réactions : « Oui, mais faut-il tout laisser faire alors et systématiquement lâcher prise ? » « Il ne faut plus s'énerver, mais se laisser marcher sur les pieds, c'est ça ? »

Pas tout à fait.

Être préfrontal, c'est autre chose. C'est accepter de voir ce qui se passe, ce qui est bien différent d'accepter la réalité avec fatalité et/ou soumission. Être préfrontal, c'est avoir des réactions adaptées à la réalité, empreintes de nuances et de réflexion. Cela ne veut pas dire accepter tout ce qui survient et passer son temps à réfléchir plutôt qu'à agir. Comprendre un comportement ne signifie pas être permissif ni laxiste, mais plutôt accepter de voir que la personne en face de nous adopte tel comportement.

La personne qui décide sous l'influence de son préfrontal peut être très ferme, poser des sanctions et des punitions ; elle peut prendre un enfant par le collet et lui dire : « Pas de ça chez moi ! ». Mais, contrairement à l'individu qui fonctionne sur le mode automatique, elle le fera calmement, sans s'énerver, en étant pleinement consciente et responsable de ses actes et de leurs effets. La voix pourra être autoritaire, le ton, affirmé, mais il n'y aura pas d'éclat ni de tension. Dans le mode préfrontal, on ne cherche pas à avoir raison, ni à être le chef, ni à se justifier. On agit d'une certaine manière parce que, à ce moment-là, cette réaction apparaît comme la plus adaptée à la situation. On se sent calme face à notre décision et, si l'on se trompe, on pourra s'excuser, tout aussi calmement, et on en assumera les conséquences.

Pour distinguer ces deux attitudes, imaginons Jean-Louis et Medhi dans le même contexte, mais, cette fois-ci, la situation évolue différemment. Medhi casse la lampe et Jean-Louis reste calme. Il regarde la scène pendant quelques secondes, est peut-être un peu perplexe, puis il se dit : « Zut ! J'adore cette lampe ! » Puis, quelques secondes plus tard, il pense : « Bon, rien de grave, c'est le principal. » Grâce à quoi, il réagit de manière opportune, analyse la situation, réfléchit à ce qu'il va faire et agit en fonction de ses priorités du moment.

Dans ce mode mental, rien ne sera prévu d'avance. Sa réaction dépendra de l'instant, de ce qu'il jugera le plus à propos de faire. Peut-être en profitera-t-il pour recadrer Medhi sur les règles de la maison, peut-être le punira-t-il, peut-être remettra-t-il la discussion à plus tard car son travail, à ce moment-là, passera avant, etc. Jean-Louis conservera son sang-froid, agira avec précision, sérénité et... efficacité.

Il acceptera de voir la réalité, à savoir que la lampe est cassée. Ce qui ne lui fait pas plaisir. S'il bascule en mode préfrontal, la situation restera inchangée, car ce mode n'a pas le pouvoir d'effacer le passé. Mais Jean-Louis, lui, aura plus de moyens pour faire face à cet incident, car son recul face à la situation lui permettra d'être plus efficace, de trouver d'autres façons de responsabiliser Medhi et de s'assurer que son message est entendu. Il s'épargnera, en prime, une poussée de stress pour lui, et gagnera probablement plus d'écoute et de responsabilisation de la part de Medhi.

Un problème, deux systèmes de réactions

Amusons-nous à visionner à nouveau la scène et à envisager ce que Jean-Louis pourrait se dire s'il faisait appel à son intelligence adaptative (le scénario 1 ci-dessous reprend ce type de pensées). Écoutons aussi les pensées automatiques qui le bloqueraient dans un état de stress et d'énervement (scénario 2).

SCÉNARIO 1 Mode préfrontal	SCÉNARIO 2 Mode automatique
Jean-Louis observe l'objet cassé (un peu comme un artiste regarderait une nouvelle création). Il est **curieux** et va rechercher les informations dans son environnement, avec ses cinq sens, sans *a priori*.	Il s'accroche à sa routine. Comme il a l'**habitude** de voir cette lampe et qu'il l'aime bien, il ne veut pas que les choses changent. Il veut sa lampe ! C'est comme ça et pas autrement !
« Tiens, que se passe-t-il ? »	« Ça m'énerve ! Je sais ce que j'ai, je ne sais pas ce que j'aurai. »
Avant de pouvoir faire quoi que ce soit d'autre, Jean-Louis **accepte de voir la réalité**, bien qu'elle soit contrariante, bien qu'elle ne lui plaise pas. Il est lucide, constate et fait un état des lieux factuel.	Il voudrait rembobiner le film pour supprimer la scène de l'accident. Le système automatique a tendance à refuser la réalité. Il bloque, il devient **persévérant**.
« La lampe est cassée. »	« Je veux continuer à travailler sur mon dossier et me concentrer sur mon ordinateur ! Je refuse que cette lampe soit cassée ! »
Jean-Louis envisage de **nuancer** sa perception des choses et de rentrer dans les détails subtils du contexte. Il s'ouvre à ce qu'il n'aurait peut-être pas vu au premier coup d'œil.	Il **simplifie** et **généralise**, il s'enferme dans des points de vue tranchés : vrai ou faux, noir ou blanc.
« L'objet est-il totalement brisé ? Irréparable ? Medhi m'a-t-il bien entendu ? Quels sont les moments où je peux lui faire confiance ? »	« Quand un enfant joue à l'intérieur, ça se termine toujours par de la casse. Je ne peux jamais lui faire confiance ! Cette lampe est fichue ! »
Il prend du recul, se met en position d'observateur et **relativise**. Il change son regard sur la réalité.	Il s'enferre dans des **certitudes**. Il aggrave les choses, dramatise la situation.

SCÉNARIO 1 Mode préfrontal	SCÉNARIO 2 Mode automatique
« Est-ce si grave ? Qu'en penserai-je dans 10 ans ? (10 jours ? 10 minutes ?) Et si Medhi avait glissé plutôt que de casser cet objet ? »	« On ne joue pas avec un ballon à l'intérieur ! C'est grave de casser ! Voilà, je peux jeter cette lampe à la poubelle et cacher tout ce qui a de la valeur ici. »
Jean-Louis peut maintenant **réfléchir** à la situation, en tirer des conclusions et mûrir la manière dont il va agir.	Il s'empêche de réfléchir logiquement à la problématique, car il conclut en fonction des expériences passées et veut des **résultats** concrets, immédiats.
« Qu'aurais-je pu mettre en place pour que ça ne se produise pas ? Comment faire passer le message à Medhi pour qu'il en tire une leçon ? Comment est-ce arrivé ? Puis-je reconstruire une lampe avec l'ancienne ? »	« Chaque fois que je demande quelque chose à Medhi, il n'en tient pas compte. Je n'achèterai plus rien de beau. Puisque personne ne m'écoute, je vais fermer la salle à manger à clé et en interdire définitivement l'accès aux enfants. »
Finalement, Jean-Louis tire un bilan et décide ce qui, pour lui, est opportun de mettre en place.	Attentif à l'**image sociale**, il accorde beaucoup de poids à l'opinion des autres, à leur jugement. Il se sent fier de sa colère ou honteux de sa négligence ou encore coupable... Il se bute et cherche la solution miracle qui plairait à tous.
« Quelle est mon **opinion personnelle** face à cette situation ? J'assume que je n'ai peut-être pas communiqué très clairement ou assez fermement à Medhi qu'il devait jouer dehors. J'assume les conséquences de mes décisions et je choisis ce que je fais (réparer ou pas la lampe, punir ou pas Medhi, fermer ou pas la porte...).	« Ta mère va être encore plus furieuse que moi. Comment vais-je lui dire que tu jouais à l'intérieur ? Que va-t-elle penser de moi ? »

LE SYSTÈME PRÉFRONTAL : BERCEAU DES RELATIONS SEREINES, EMPATHIQUES ET BIENVEILLANTES

La conséquence directe de cette première façon de penser est le calme que nous éprouvons bien que la situation soit complexe. Quel que soit le degré d'urgence ou de gravité, quelle que soit la façon de réagir de nos enfants, quand nous sommes en mode préfrontal, nous sommes apaisés. Nous nous sentons engagés et attentifs sans toutefois nous laisser gouverner par nos émotions. Des solutions créatives et innovantes apparaissent. Nous pouvons nous sentir « bien », à savoir tranquilles, alors que les choses ne se passent « pas bien ».

Et si c'était ça le bonheur ? Un état qui permet de traverser une situation complexe, tout en gardant clairvoyance et sérénité ; plutôt que de se plaindre, assumer sa part de responsabilité sans prendre les choses de manière personnelle. N'est-ce pas magnifique de savoir qu'une partie de notre cerveau est dédiée à cette tâche ? Que chacun d'entre nous dispose de cette ressource intérieure lui permettant de traverser des situations houleuses et difficiles avec une puissante et bienveillante tranquillité ?

C'est également du mode préfrontal que naît notre empathie. L'espèce humaine est l'espèce animale la plus apte à percevoir l'état intérieur de l'autre, ce qui permet de construire une relation proche, de s'ouvrir et d'être attentif, de comprendre les sentiments et les émotions d'autrui… L'empathie nous ouvre aux autres ; elle facilite le lâcher-prise, elle nous fait voir les choses sous un autre angle, plus vaste, plus complexe. Nous devenons alors libres de ne pas être le centre du monde, de ne plus faire tourner la réalité autour de notre ego. Albert von Szent-Györgyi[33], à qui l'on doit la découverte de la vitamine C, disait : « Découvrir, c'est voir la même chose que les autres et

33. Albert von Szent-Györgyi (1893-1986), physicien hongrois, Prix Nobel de médecine en 1937.

penser autrement. » Quand Jean-Louis pense autrement, il se dégage de ses vieux schémas et n'impose pas sa vision du monde à son fils : il l'autorise à réfléchir par lui-même, à faire des erreurs, à déployer ses ailes, à se responsabiliser, à s'assumer, avec toutes les conséquences qui en découlent.

Dans un monde idéal où nous pourrions avoir accès à cette sérénité aussi souvent que nous le souhaitons, la scène précédente pourrait être vécue comme une expérience enrichissante et constructive dans l'éducation d'un enfant. Par exemple, Jean-Louis pourrait s'adresser à Medhi dans ces mots : « Voilà. Cette lampe est cassée et moi, j'y tenais beaucoup. J'aurais aimé que tu m'écoutes et que tu ailles jouer dans le jardin, mais ça ne s'est pas passé comme ça. De mon côté, j'étais concentré sur mon travail et je ne t'ai peut-être pas communiqué assez clairement que cette lampe était un objet précieux auquel je tenais et que tu devais impérativement jouer dehors. Nous n'allons pas refaire le passé. J'assume ma part de responsabilité. Et toi ? Que proposes-tu ? À quoi t'engages-tu ? Si tu étais le papa de ce petit garçon, que ferais-tu ? »

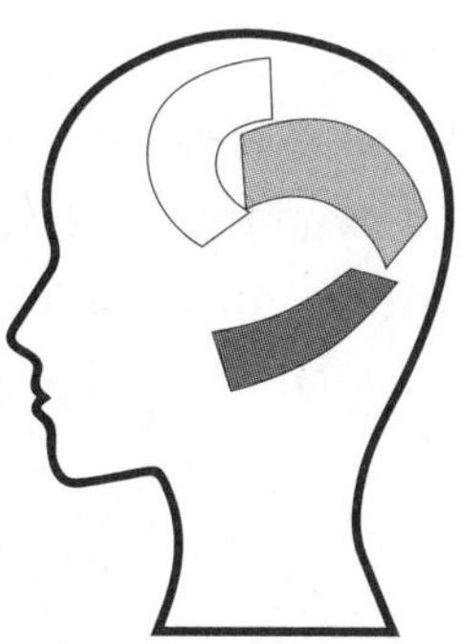

BASCULER D'UN ÉTAT D'ESPRIT À L'AUTRE

La bascule naturelle

La plupart du temps, nous passons d'un système à l'autre, spontanément et sans réfléchir.

Prenons l'exemple de Lydia qui a prévu de passer 10 minutes avec sa fille avant de filer faire son entraînement physique. Ce soir, Amélie la regarde d'un air penaud : elle lui dit qu'elle doit préparer un devoir de géographie pour le lendemain et qu'elle ne comprend rien à la matière.

Devant la mine déconfite de son enfant, qui lui demande de l'aide, il faut à peine une fraction de seconde pour que Lydia change ses plans. Elle respire un grand coup, fait une croix sur le sport qu'elle avait prévu de faire et s'adapte à cette nouvelle réalité en programmant différemment sa soirée. Elle a basculé d'un système à l'autre sans s'en rendre compte : elle est restée sereine.

Il existe un système de *bascule* physiologique naturelle entre les deux façons de penser. Nous pourrions comparer cela au mécanisme qui s'opère dans la rétine quand nous passons d'une zone lumineuse à une zone d'ombre. La rétine est tapissée de plusieurs types de cellules qui réagissent chacune distinctement aux différences de sensibilité lumineuse. Quand l'intensité de la lumière est forte, on utilise une certaine population de cellules qui nous fait percevoir les choses avec de multiples détails de couleurs. Quand il fait sombre, nous utilisons une autre population de cellules, davantage spécialisées à distinguer des reliefs et des volumes dans le noir, s'attachant peu aux détails de couleurs. De la même façon, nous utilisons l'un ou l'autre système mental en fonction de la situation qui se présente. L'automatique, à savoir le système « survie collective et motivation-vie sociale », laisse filer vers le système « adaptation et innovation » du mode préfrontal quand la donne se complexifie ; inversement, le mode préfrontal repasse la main à l'automatique quand il repère des conditions simples et routinières. Lorsque le système automatique ne bascule pas vers le système préfrontal alors qu'il le devrait, le signal du stress vient nous indiquer qu'il est temps de changer notre façon d'aborder les événements.

La bascule consciente

S'il est biologiquement toujours possible[34] de prendre du recul et de garder son sang-froid, cela ne veut pas dire pour autant

34. Sauf en cas de maladie ou d'accident altérant le néocortex préfrontal.

que ce soit facile de le faire. Nous insistons sur ce point justement parce que la difficulté croît lorsque nous sommes touchés affectivement. Et nous le sommes constamment dans notre rôle de parent. Notre côté émotionnel devient alors un obstacle et nous perdons pied pour la simple raison que nous aimons et que nous sommes attachés. Comme nous l'avons précisé dans les chapitres précédents, il est plus facile d'être en mode préfrontal et de relativiser face aux soucis des autres…

Pour vous aider à basculer consciemment en mode préfrontal et, donc, à prendre les événements qui vous touchent avec davantage de recul et de philosophie, voici une liste de questions que vous pouvez vous poser. Elles vous inciteront à vous distancier d'une situation et, par conséquent, à garder ou à retrouver votre calme.

Exercice 7

S'exercer à provoquer la bascule

Il est intéressant de noter que le mode préfrontal ne doit pas obtenir de réponses à tout prix. C'est un état d'esprit dans lequel nous nous interrogeons plutôt que de chercher à savoir. Ainsi, les questions peuvent rester sans réponse.

Curiosité

- Suis-je curieux par rapport à ce qui se passe ?
- Et si… ?
- Et quoi encore ?
- Que se passe-t-il ? Que puis-je voir d'autre ?
- Qu'est-ce que je ressens ?

Adaptation

- Que puis-je changer ?
- De quoi ai-je besoin ?
- Qu'est-ce qu'il me faudrait pour accepter ?
- Et pourquoi pas ?
- Qu'est-ce qui me dérange dans cette hypothèse ?
- Et si j'acceptais ?

Nuances

- Et si c'était plus complexe ?
- Puis-je sortir de la polarité entre bien ou mal, oui ou non, noir ou blanc ?
- Quelles exceptions puis-je faire ?
- Et si je nuançais ma perception des choses ?
- Dans quels autres cas… ?
- Quels sont les moments où ça ne se passe pas comme ça ?

Exercice 7 (suite)

Relativité

- Qu'en penserai-je dans six jours ? dans six mois ? dans six ans ?
- Si je me mets à sa place... ?
- Pourquoi ou en quoi est-ce si important ?
- Sur une échelle de 1 à 10, où placerais-je le problème ?
- Y a-t-il des personnes qui pensent autrement ?
- Comment sortir de mes certitudes ?

Réflexion

- Comment ça marche ?
- Que puis-je faire d'autre ?
- Comment agir autrement ?
- Quels sont les liens de cause à effet ?
- Que se passerait-il si... ?
- Et si j'essayais de comprendre le pourquoi du comment ?
- Qu'est-ce qui peut expliquer cela ?
- Quels sont les risques ?

Opinion personnelle

- Suis-je capable d'assumer pleinement mes décisions et de me dégager du jugement des autres ?
- Et moi, au fond, qu'est-ce que j'en pense ?
- En quoi est-ce si important pour moi ?
- Si j'étais seul sur une île déserte, que penserais-je ?
- À quoi cela peut-il vraiment me servir ?
- Si personne ne savait que je fais cette chose, comment agirais-je... ?

LES ÉTATS DE BLOCAGE

Pourquoi restons-nous bloqués *en pilote automatique* dans certaines circonstances ? Parce que ce mode mental automatique recrute les 2e et 3e systèmes, qui sont le siège de nos valeurs et de nos intolérances. Il est en quelque sorte le gardien de ce que nous aimons et il tente de nous mettre à l'écart de ce que nous détestons. Comme nous tenons à nos valeurs, nous résistons et refusons de passer outre. Nous ne voulons pas les lâcher, ne serait-ce que quelques instants. On y tient ferme et, du coup, on se braque… et on stresse… Ainsi, comme nous venons de le voir, le « problème » survient lorsque, dans une situation complexe, inattendue, le mode automatique garde la main et s'enkyste. Le territoire préfrontal réagit et déclenche le signal de stress.

Reprenons l'exemple de Lydia qui aide Amélie à faire ses devoirs. Lydia peut se sentir coincée entre l'envie d'aider Amélie et celle de se faire plaisir par l'activité physique ou de se détendre. Prise au piège par son mode automatique, elle commence à pester. Elle voudrait qu'une partie de la réalité n'existe pas, à savoir qu'Amélie n'ait pas besoin d'elle pour son devoir de géographie. Ce qui lui fait dire : « Zut, Amélie, tu aurais pu t'y prendre plus tôt ! »

Tant que Lydia refuse cet obstacle à ses projets pour la soirée, elle ressentira du stress. Elle va vouloir que tout se passe vite, bien et facilement. Le moindre nouveau changement de programme menacera d'augmenter son stress. Elle perdra patience, un rien l'énervera. « Allez, plus vite ! Qu'est-ce que tu es lente ! Tu le fais exprès ou quoi ? » La situation est un « problème » non pas parce qu'Amélie a un devoir de géographie, mais parce que Lydia refuse d'accepter cette nouvelle réalité et de s'y adapter.

Si Lydia prenait du recul – le temps de basculer en mode préfrontal –, voici le type de pensées qu'elle pourrait avoir :

- « Que se passe-t-il ? »
- « Quels sont les choix qui s'offrent à moi ? Qu'est-ce que je décide ? Je décide d'aider Amélie ou pas ? Si oui, de quelle façon ? Pendant combien de temps ? »
- « Je décide de faire ce choix et j'assume mon choix. Pleinement. Sans râler à propos des autres ou de la situation. »
- « Je sors de mon rôle de victime et j'assume :
  - d'aller faire du sport et de ne pas aider Amélie ;
  - de renoncer à mon sport ce soir et de l'aider ;
  - de renoncer partiellement à mon sport et de l'aider un certain temps ;
  - de demander à son père de…
  - de solliciter la voisine pour l'aider. » Etc.

Ensuite, Lydia et Amélie pourraient passer une bonne soirée et vivre la situation sans agacement, que Lydia aide sa fille ou pas, qu'elle aille faire du sport ou pas.

APPRIVOISER LA COMPLEXITÉ DU QUOTIDIEN

Dans notre rôle de parent et d'éducateur, la complexité est inlassablement au rendez-vous. Interagir avec un autre être humain que nous aimons nous place dans un enchevêtrement de paramètres : nous nous sentons responsables, nous souhaitons former et faire évoluer nos enfants et, de surcroît, nous voulons ce qu'il y a de mieux pour eux. Difficile de relativiser face à un enjeu d'une telle ampleur ! Le lâcher-prise devient particulièrement ardu face à l'échec d'un de nos enfants, à leur rébellion parfois cinglante, aux voies qui paraissent sans issue… Le piercing sauvage au milieu du visage de notre enfant paraît insurmontable ; celui de la fille de nos amis ou du copain de classe est déjà plus envisageable…

Avec les nôtres, parfois nous y arrivons.

Parfois, ça coince…

Et pour l'instant, le système préfrontal n'a pas trouvé mieux pour nous prévenir que le signal du stress.

Les idées que nous vous présentons tout au long de ce livre ont pour but de vous aider, dans toutes ces situations difficiles de votre vie quotidienne, à accroître votre capacité à prendre du recul et à faciliter le passage du *pilotage automatique* à celui, plus adapté, du *pilotage préfrontal*. Nous le faisons tous déjà, souvent sans le savoir. Autant rendre ce passage plus conscient pour faire appel encore et encore à notre belle *intelligence adaptative*.

Prendre de la hauteur quand ça bloque…

Troquer nos certitudes contre un peu d'inspiration…

Plus encore qu'un outil de gestion des situations complexes, il s'agit d'une philosophie de vie qui nous fait évoluer vers plus d'humanité : « Le chaînon manquant et longtemps cherché entre l'animal et l'homme vraiment humain, c'est nous[35]. »

Mesurer son stress, un premier pas vers le changement

Une façon de passer en système préfrontal consiste à prendre conscience de son état (de stress ou de calme) et à le mesurer. Pour cela, nous vous invitons à le visualiser sur un « baromètre de stress ». Partons d'une situation concrète, par exemple celle d'un papa, Alain, face à la gestion de l'emploi du temps de ses enfants.

0 = pas de stress, calme total

Alain n'est pas stressé bien que la situation dérape (les enfants vont dormir chez des amis à la dernière minute ou, au contraire, rentrent à la maison avec des copains alors qu'ils avaient annoncé qu'ils dormiraient ailleurs). Il se sent ouvert, nuancé, créatif face à leur changement de programme. Ce qui ne veut

35. Konrad Lorenz, *L'agression, une histoire naturelle du mal*, Paris, Flammarion, 1969.

pas dire qu'il laisse faire. Il pourra très bien refuser certaines choses, tout en restant très calme.

2,5 = perte d'aisance, mais la stabilité prédomine

Alain sait gérer les situations de crise. Il a suffisamment de discipline pour faire face à la situation, mais ça lui demande des efforts. Il décide de parler calmement aux enfants, mais ce n'est pas tout à fait naturel : il doit prendre son temps pour se rappeler que s'énerver ne l'aidera pas.

5 = fragilité, plus de stress que de sérénité

Alain accueille la situation avec contrariété : il est agacé. Il se contrôle car il aimerait maîtriser ses émotions, qui, dans ce cas, ne sont pas bonnes conseillères. Il sait qu'il pourrait réagir d'une autre façon, plus appropriée, sans savoir toutefois comment faire pour y parvenir.

7,5 = fort stress

Alain est fâché. Il en a marre de ces changements incessants. Il aimerait réagir autrement, mais ne voit pas comment.

10 = stress maximal, pas de marge de manœuvre

Alain est hors de lui. Ses enfants l'énervent au plus haut point : ils sont insupportables. Il est furieux, crie et trouve normal de crier.

Exercice 8

Mesurez votre stress

Pensez à une situation qui vous tient à cœur et prenez quelques minutes pour évaluer votre stressabilité sur le sujet.

0 = pas de stress, calme total
2,5 = perte d'aisance, mais la stabilité prédomine
5 = fragilité, plus de stress que de sérénité
7,5 = fort stress
10 = stress maximal, pas de marge de manœuvre

Calme **Stress**

0 **2,5** **5** **7,5** **10**

Faites cet exercice chaque fois que vous ressentez un stress qui induit un blocage de votre comportement, que vous cherchez à convaincre, donc que vous êtes, à l'instar d'Alain, contrarié ou énervé[36]. Vous pouvez également faire cette même évaluation quand vous êtes assailli de peurs et d'inquiétudes (stress de fuite) ou que vous vous sentez dépassé par les événements, vidé, démoralisé (stress d'inhibition)[37].

36. Voir le tableau récapitulatif des états de stress, p. 58-60
37. Vous pouvez également vous reporter à l'ouvrage de Patrick Collignon et Jean-Louis Prata, *Votre profil face au stress : comment les neurosciences font du stress votre allié*, Paris, Eyrolles, 2012. Ce livre vous guidera dans l'évaluation de votre stress à l'aide d'outils pratiques et didactiques.

Reconnaître son état est le tout premier pas vers le changement. En être conscient et pouvoir le nommer, c'est pouvoir basculer avec plus de facilité vers un peu plus de sérénité. Sinon, comment voulez-vous traiter votre maison contre l'humidité si vous n'avez pas pris conscience qu'elle est humide et que vous affirmez contre vents et marées que tout va bien ? Un changement d'état d'esprit entraîne une transformation immédiate de notre comportement et de nos émotions. Notre visage se détend, nos traits perdent leur crispation, nous nous sentons mieux. Nous nous arrêtons un instant… Nous prenons le temps de respirer… D'autres idées nous viennent à l'esprit, tout un tas de petites choses auxquelles nous n'avions pas pensé avant. Nous faisons preuve de créativité, nous proposons d'autres façons d'agir, nous nous étonnons même parfois de notre propre perspicacité… Nous avons changé de système. La situation qui était un problème jusqu'alors n'en est plus un. Elle devient une « affaire à gérer », un « défi », une « énigme à résoudre », voire une « occasion », une « expérience » de la vie.

S'exercer à faire appel à son intelligence adaptative

Favoriser l'accès à notre intelligence adaptative est une gymnastique qui se pratique quotidiennement. Comme toute gymnastique, il peut être utile de « se pousser à la faire », une ou plusieurs fois par jour, sous peine de voir nos « bonnes vieilles habitudes » reprendre le dessus. Courage, les premières fois sont les plus difficiles !

Exercice 9

EXERCICE 9
Mots et expressions du système préfrontal

Voici, à nouveau, une liste d'expressions et de mots qui peuvent aider à faire appel à votre système préfrontal. Notez et retenez ceux qui vous inspirent :

Curiosité

- Enrichissement personnel
- Recherche et découverte
- Exploration d'une situation
- « On verra sur place. »
- « Je me jette à l'eau. »
- « Prêt pour une nouvelle expérience. »

Adaptabilité

- Ouverture d'esprit
- Tolérance
- Disponibilité
- Absence de préjugé
- Lucidité
- « Je regarde les choses en face. »
- « Je surfe sur la vague. »
- « Ce n'est ni bien ni mal, ça existe ! »
- « Pourquoi pas ? »

Nuances

- Subtilité
- Complexification
- « Ce n'est pas si simple. »
- « La critique est facile. »
- « Les apparences sont trompeuses. »
- « Ce n'est ni un échec ni une réussite. C'est une expérience. »

Exercice 9 (suite)

Relativité

- Prise de recul
- Détachement
- Dédramatisation
- « Qu'en penserai-je le jour de ma mort ? »
- « Ce ne sont pas les choses qui me font souffrir, c'est l'idée que j'en ai. »
- « J'ai une opinion parmi sept milliards d'opinions. »
- « Je sais que je ne sais rien. »

Réflexion

- Curiosité intellectuelle
- Observation
- « Comment ça marche ? »
- « Quelle logique ? »
- « J'aime comprendre. »
- « Qu'est-ce qui explique cela ? »
- « Quelles causes pour quels effets ? »

Opinion personnelle

- Introspection
- Regard personnel
- « Il y a 1,3 milliard de Chinois. Et moi, et moi, et moi ? »
- « Qu'est-ce que je gagne à vouloir avoir raison ? »
- « En quoi suis-je concerné ? »
- « Que me coûte mon image ? »

À vous de trouver votre phrase type et d'en faire un principe de vie. Ces expressions et mots clés sont les ferments de notre ligne de conduite, les petites graines qui germent et deviennent champs de blé. Ne sous-estimez pas leurs effets.

Qui n'a pas souri en fredonnant: « Il en faut peu pour être heureux, vraiment très peu pour être heureux, chassez de votre esprit tous vos soucis[38]», que Baloo et Mowgli chantent en chœur au milieu de la jungle? Qui n'a pas retrouvé sa bonne humeur en sifflant *Don't Worry, Be Happy*[39] de Bobby McFerrin? Qui n'a pas répété, tel un mantra bienfaisant, le dorénavant célèbre *Carpe diem* que l'acteur Robin Williams prononce quand il incarne l'inspirant professeur Keating dans le film *La Société des poètes disparus*[40]?

38. *The Jungle Book* (*Le livre de la jungle*), film d'animation des studios Walt Disney sorti en 1967 et inspiré du livre de l'écrivain britannique Rudyard Kipling.
39. Chanson *a capella* écrite par le musicien américain Bobby McFerrin. Elle s'inspire de l'expression que le sage mystique indien Meher Baba utilisait quand il signait ses courriers destinés aux Occidentaux: « Ne vous tracassez pas. Soyez heureux. »
40. *Dead Poets Society* (*La Société des poètes disparus*) est un film de Peter Weir sorti en 1989. Le professeur Keating incarne une sorte de pygmalion, éveilleur d'esprits, qui encourage la libre-pensée et le plaisir épicurien de l'instant présent.

En bref: Deux manières de voir les choses

Vue **préfrontale** (4ᵉ système) : c'est le sommet de notre intelligence, conçu pour la complexité et le nouveau. Le préfrontal observe, analyse et ne cherche pas le plaisir immédiat. Lorsque ce système est aux commandes, on ressent de la sérénité, grâce à laquelle on déploie ouverture d'esprit et empathie.

- Je suis **curieux**
- Je m'**adapte** au contexte
- Je **nuance**
- Je sais que tout est **relatif**
- Je **réfléchis** avec logique
- J'ai une **opinion personnelle**

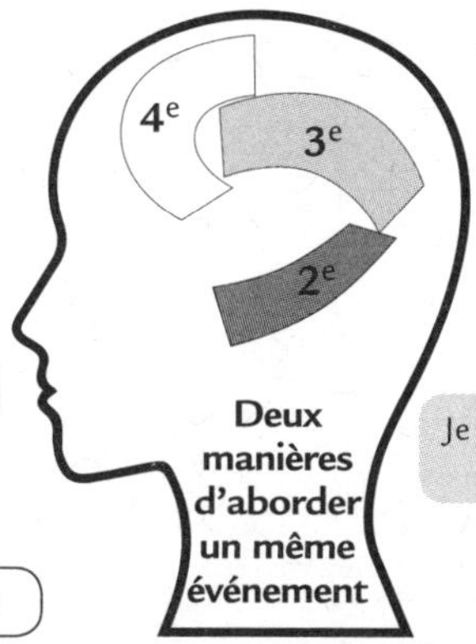

- Je reste dans mes **habitudes**
- Je suis **rigide**
- Je **simplifie** et je généralise
- J'adhère à mes **certitudes**
- Je me base sur mes expériences et je veux du **résultat**
- Je suis soucieux de mon **image sociale**

Vue **automatique** (2ᵉ et 3ᵉ systèmes) : idéale pour gérer les situations de tous les jours **simples et connues**. On agit par conditionnement, suivant un apprentissage :

- soit positif = on reproduit les actions sources de plaisir ;
- soit négatif = on évite celles qui ont été suivies de conséquences désagréables, de déplaisir.

Nous agissons par défaut presque en permanence avec notre système automatique. C'est un système prioritaire sur le système préfrontal.

Nous pouvons apprendre toutefois à « changer » de système quand nous faisons face à des situations qui nous dépassent et nous font perdre notre calme. Cela consiste à donner la main au système préfrontal, en motivant notre système automatique à passer le relais.

CHAPITRE 7
Valeurs et antivaleurs : au cœur des relations parents-enfants

Il faut se méfier de ceux qui ont des certitudes,
qui ne doutent jamais, des gens en béton :
la moindre fêlure dans le mur peut entraîner
la chute de toute la maison.

TAHAR BEN JELLOUN[41]

Sur quoi nous basons-nous pour éduquer nos enfants ? À quelles lois nous fions-nous ? À quelles règles faisons-nous référence ?

LES VALEURS : UN SYSTÈME GUIDE

Il semblerait qu'au fil de nos expériences et de nos apprentissages, nous emmagasinions chacun un certain nombre de **valeurs** qui forment le socle de notre ligne générale de conduite. Ces valeurs représentent notre colonne vertébrale, ce que nous souhaitons transmettre à nos enfants, et modèlent notre façon

41. Écrivain et poète marocain ; extrait de *L'auberge des pauvres.*

d'être au monde. Elles sont propres à chacun ; voilà pourquoi ce qui est vrai pour l'un ne l'est pas nécessairement pour l'autre. Appelées indifféremment principes ou croyances, ces valeurs définissent la personne que nous sommes aujourd'hui. L'ensemble de ces principes constitue notre morale, notre philosophie, notre code d'éthique, nos obligations, le sens que nous donnons à la vie.

Ces valeurs créent notre vérité et façonnent notre **réalité**. Elles nous font du bien et nous rassurent. Ce sont autant de sujets d'enthousiasme, de plaisir auxquels nous tenons plus que tout au monde. Certains d'entre nous pourraient même donner leur vie pour leurs valeurs tant elles leur sont chères.

LES ANTIVALEURS : LES GRANDS STRESSEURS

Aux antipodes de nos valeurs se trouvent nos **antivaleurs**, c'est-à-dire la somme de tout ce que nous détestons. Nous déployons une énergie fabuleuse à les repousser ou à nous en préserver. Ces antivaleurs sont à l'origine de nos intolérances et constituent ce que nous répugnons à faire, à dire, à entendre, à côtoyer et que nous voulons éviter coûte que coûte.

Ce point est primordial, car du conflit entre nos valeurs et nos antivaleurs naît notre résistance à passer d'un système (automatique) à l'autre (préfrontal). Si nos valeurs ne nous gênent pas (quand on aime, on est souple), nos antivaleurs, elles, sont le point de départ de nos refus, de nos ténacités, de nos obstinations (quand on n'aime pas, on se ferme). La communication se fige quand on titille nos intolérances. C'est à ce moment-là que nous refusons de céder, que nous arrêtons de comprendre, que nous devenons récalcitrants, intransigeants, opiniâtres, entêtés…

Exercice 10

Quelles sont vos valeurs ?

Pendant quelques instants, réfléchissez à ce qui est fondamental pour vous.

- Quelles sont vos valeurs ? Qu'est-ce qui vous anime et donne du sens à votre vie ?
- Observez maintenant qui vous êtes. Comment agissez-vous dans la vie de tous les jours ? Qu'est-ce qui vous inspire ? Qu'est-ce qui vous plaît ?
- Notez maintenant au moins cinq valeurs essentielles que vous souhaiteriez transmettre à vos enfants.

Pour faciliter votre réflexion, vous pouvez poser ces questions à un proche et discuter ensemble des valeurs qui vous animent. Vous pouvez aussi consulter les valeurs de PAM (Parent Anonyme Moyen) à la page suivante. Si vous n'appréciez pas ce genre d'exercice, vous pouvez reprendre votre lecture après la liste qui suit ou tenter une expérience nouvelle et basculer en mode préfrontal…

Exercice 10 (suite)

Liste des valeurs les plus fréquemment partagées

Adaptation	Franchise	Pardon
Amour	Générosité	Partage
Apparence	Gratitude	Passion
Apprentissage	Harmonie	Persévérance
Authenticité	Honnêteté	Plaisir
Autonomie	Humanité	Popularité
Bravoure	Humilité	Rationalité
Civisme	Humour	Religion
Compétence	Indépendance	Respect
Compétition	Initiative	Responsabilité
Confort	Intégrité	Réussite sociale
Connaissance	Justice	Sagesse
Courage	Liberté	Santé
Créativité	Libre arbitre	Sécurité
Curiosité	Loyauté	Simplicité
Dévouement	Maîtrise de soi	Solidarité
Droiture	Modestie	Stabilité
Échange	Morale	Tempérance
Écologie	Optimisme	Tolérance
Esprit d'initiative	Ordre	Tradition
Famille	Ouverture d'esprit	Travail
Fidélité	Paix	Volonté

Les valeurs de PAM (Parent Moyen Anonyme) : respect, autonomie, responsabilité, famille, honnêteté, tolérance.

Maintenant que vous avez mis en lumière ce qui est important pour vous et que vous souhaiteriez transmettre à vos enfants, pensez-vous parvenir toujours à garder cette ligne de conduite ? Vous arrive-t-il de vous en détourner parfois ? Par exemple, si nous partons des valeurs de PAM, arrivez-vous **toujours** à parler à vos enfants avec respect ? Favorisez-vous toujours l'autonomie de vos proches ou bien constatez-vous que vous prenez, parfois, des décisions à leur place ? Arrivez-vous à être honnête avec les menteurs et ouvert avec les gens bornés ? Adoptez-vous un comportement tolérant face aux intolérants ?

Pas toujours ? Alors, bienvenue au club des parents qui font ce qu'ils peuvent et n'y arrivent pas toujours !

Qu'est-ce qui nous empêche de rester en accord avec nos valeurs ? « La fatigue, la répétition de la même chose, le débordement, l'accumulation de difficultés… Et, surtout, les autres, quand ils font le contraire de ce que l'on voudrait », nous direz-vous ! Oui, nous grinçons des dents quand leur manière d'agir s'oppose à la nôtre. Autrement dit, chaque fois que quelqu'un incarne une chose que nous n'aimons pas (une antivaleur), inévitablement, cela nous agace, nous irrite ou nous démoralise. Le stress monte, nous perdons le contrôle de la situation, ce qui, souvent, nous stresse encore plus. Surtout lorsque notre progéniture est concernée…

Exercice 11

Quelles sont vos antivaleurs ?

Creusons un peu et allons voir du côté de ces antivaleurs qui nous cantonnent dans une attitude rigide et fermée, dans une attitude de non-écoute où l'amour-propre se targue d'être le maître de la décision.

- Quels sont les sujets sur lesquels vous êtes intransigeant ? Les situations où vous pensez : « Pas de ça chez moi ! »
- Notez ces antivaleurs.

Voici quelques antivaleurs que nous partageons dans notre société, afin de vous aider dans votre réflexion.

Liste des antivaleurs les plus fréquentes

Abandonner	Devoir décider seul	Hypocrisie
Abuser	Dominance	Immobilisme
Affirmation gratuite	Dramatisation	Impolitesse
Bas de gamme	Égoïsme	Incivisme
Bêtise	Engagements	Incohérence
Conflits	Exagérer	Incompétence
Contraintes	Faire vite	Inconnu
Critiques	Fantaisie	Indélicatesse
Déchéance	Flou	Inefficacité
Défaitisme	Frivolité	Injustice
Dépendance	Gaspillage	Insister
Dépression	Gérer des machines	Intolérance
Désordre	Grossièreté	Irrespect

Exercice 11 (suite)

Liste des antivaleurs les plus fréquentes (suite)

Irresponsabilité
Jalousie
Lâcheté
Laxisme
Lenteur
Maladie
Malhonnêteté
Manipulation
Marginalité
Mauvaise foi
Mauvais goût
Méchanceté
Mensonge
Mesquinerie
Mollesse
Négation de l'autre
Négativisme
Nombrilisme
Obéir aux ordres
Obligations
Orgueil
Paresse
Pédanterie
Perte de contrôle
Perte de temps
Petitesse
Plaintes
Précarité
Prétention
Prise de tête
Privation de liberté
Programmer
Provisoire
Recommencer
Refus de comprendre
Religion
Répétition
Résignation
Rituel social
Routine
Séparations
Solitude
Soumission
Trahison
Vie rangée
Violence
Violence gratuite
Virtuel
Vulgarité

Les antivaleurs de PAM : irrespect, irresponsabilité, incivisme, désordre, mensonge, mauvaise foi, paresse.

VALEURS CONTRE ANTIVALEURS : LA NAISSANCE DES CONFLITS

Voyons, à l'aide d'un témoignage, ce qui se passe quand nous sommes aux prises avec nos intolérances.

Patricia nous raconte qu'elle aime la générosité, les actes gratuits et le côté grand seigneur des personnes qui donnent sans compter. C'est important pour elle. Pas de chance, sa fille Laure, selon ses dires, peut être médaillée d'or de l'égocentrisme et de l'individualisme. Le « moi d'abord » de sa fille l'irrite profondément. Laure semble être la « présidente de la ligue des égoïstes » ! Patricia ne sait pas comment s'y prendre : elle est affectée régulièrement par le manque de générosité de Laure, qui garde pour elle ses acquisitions, ses films, ses jeux, ses musiques, ses gâteaux préférés.

Patricia a tout essayé : elle a voulu lui donner envie d'être généreuse, l'a incitée à partager avec les autres, lui a fait la morale, l'a forcée... En vain. Rien ne marche. Patricia s'énerve de plus en plus face à ces comportements, qu'elle juge mesquins, et, pire, elle découvre qu'elle-même devient mesquine dans ses interrelations avec Laure : elle dissimule certains objets dans l'espoir de lui faire prendre conscience de ses actes... mais aussi pour empêcher sa fille de se les approprier. L'autre jour, en rentrant du supermarché où elle avait acheté des biscuits, elle était tellement remontée contre Laure qu'elle a suggéré à Antoinette, sa cadette, de cacher les paquets dans sa chambre pour éviter que sa sœur ne les prennent.

Retour à la case départ !

Patricia, qui prône la générosité et la grandeur d'esprit, se trouve prise au piège de ce qu'elle déteste... Prise au piège de la mesquinerie, son antivaleur.

Eh oui, en voulant éviter à tout prix ce que nous n'aimons pas, nous nous braquons sur notre antivaleur, ne regardant plus qu'elle... au risque de l'incarner nous-mêmes. Connaissez-vous l'histoire de la personne qui ne supporte pas les extrémistes et qui clame : « Les extrémistes, il faudrait tous les supprimer ! »

LES ANTIVALEURS ET LA RÉSISTANCE DU MODE AUTOMATIQUE

Nous ne partageons pas tous les mêmes principes, et encore moins les mêmes goûts ; ils varient en fonction de notre éducation, de notre milieu, de notre personnalité, de notre environnement, etc. Avec plus de sept milliards d'humains sur terre et autant de référentiels différents, peut-être va-t-il falloir apprendre à conjuguer ensemble... Si l'on tient compte de la diversité qui nous entoure et va croissant, la probabilité de buter sur une de nos antivaleurs est très forte.

Comment garder notre calme face à nos antivaleurs sans devoir avaler un bol de tranquillisants chaque matin ? Comment rester cohérents avec nos valeurs et les transmettre sans tomber dans le travers de Patricia ? Nous voyons d'ici vos yeux horrifiés : « On ne peut tout de même pas laisser tomber... Moi, je n'ai pas envie de lâcher du lest quand je suis face à ce que je déteste ! »

Et c'est bien là que le bât blesse. Confrontés à nos antivaleurs, nous devenons rigides et bornés. Nous refusons d'accepter que la réalité passe par notre intolérance. Le symptôme de cette rigidité est notre ami... *le stress*. Il vient nous signaler notre manque d'adaptabilité. Voyons, à la lumière de l'exemple précédent, ce que nous coûtent vraiment nos intolérances.

Patricia passe beaucoup de temps à essayer de faire en sorte que sa fille ne soit plus égoïste. La communication entre elles n'est pas bonne : Patricia reproche à Laure son nombrilisme, Laure reproche à sa mère de la faire passer pour un monstre incapable de s'intéresser aux autres. Elles se chamaillent quotidiennement, entrent en conflit (trop souvent, à leur goût...). Régulièrement, Patricia s'en veut d'avoir été agressive avec

Laure. Elle se morfond aussi quand, finalement, elle fait elle-même ce qu'elle reproche à sa fille : agir avec mesquinerie. Elle est souvent désemparée et constate son inefficacité dans l'expression et la transmission de sa valeur.

En somme, son antivaleur lui coûte du temps et de l'énergie, entraîne des conflits, de la culpabilité et de l'inefficacité. Bref, du stress !

Paradoxalement, bien que nos antivaleurs soient synonymes de nos allergies, nous nous y accrochons et les brandissons comme des étendards. Patricia est fière de ne pas aimer la mauvaise foi, la paresse, l'irrespect, et elle affirme avec autorité : « Moi, je ne compose pas avec les menteurs et les égoïstes ! » Or, ce qui est important pour Patricia, ce n'est pas tant ce qu'elle déteste, mais ce qu'elle aime et voudrait transmettre à ses enfants : ses valeurs.

L'exemple suivant nous montre qu'il est difficile de ne pas se laisser emporter face à nos antivaleurs. Cependant, quand nos antivaleurs mènent la danse, nous devenons le contraire de ce que nous voulons.

Simon est un homme droit, à cheval sur les principes. Il aime la politesse et déteste la grossièreté, la vulgarité et l'irrespect. Son fils Loïc, 16 ans, rentre à la maison de mauvaise humeur. Son père lui demande comment s'est passée sa journée.

— Ouais, à chier, comme d'hab ! répond-il en bougonnant.

Son père le reprend :

— Tu pourrais parler autrement, non ?

Loïc soupire et monte vers sa chambre, ignorant la remarque du père. Simon, agacé par une longue journée de travail, l'appelle, mais son fils l'ignore et continue à grimper les marches.

— Tu pourrais me dire bonjour au moins », lui dit Simon dans une tentative de garder le contact.

— Ouais, répond son fils, nonchalamment.

— Quoi « ouais » ? s'impatiente Simon. « Bonjour papa, comment vas-tu ? » suggère-t-il.

Loïc ânonne d'un air sarcastique un « bonjour » caustique et continue à monter l'escalier.

Simon s'irrite :

— Tu ne me parles pas sur ce ton-là !

Loïc grommelle entre ses dents quelques mots que son père n'entend pas. Mais son visage le trahit. Son père insiste.

— Bon, tu changes ton langage et tu me dis bonjour correctement !

— C'est pas vrai ! marmonne Loïc en levant les yeux au ciel d'un air exacerbé.

Simon sent sa patience le quitter :

— Tu changes de ton, mon vieux ! s'exclame-t-il, furieux.

Loïc respire bruyamment et le défie du regard. Le sang de Simon ne fait qu'un tour et il éclate, rouge de colère :

— Mais pour qui te prends-tu ? Tu cherches les claques ? C'est ça ? Merde alors ! Maintenant tu descends et tu t'adresses à moi poliment ! Et puisque c'est comme ça, ton match de foot de demain, tu peux l'oublier ! Non, mais !

Cette scène vous rappelle des souvenirs ? Elle ressemble à du déjà vu, déjà vécu ? Rares sont ceux qui, à un moment ou un autre de leur histoire, ne sont pas passés par un scénario semblable. Au nom du respect (mais surtout à cause de notre intolérance à l'irrespect), nous risquons de devenir aussi irrespectueux que la personne que nous condamnons et de nous éloigner de notre intention première : communiquer l'importance du respect.

Mais pourquoi agissons-nous de la sorte ? Parce que nous tenons tellement à notre valeur que nous refusons de la lâcher. Pour faire un lien avec le fonctionnement cérébral que nous venons de vous expliquer, notre système automatique – qui gère nos valeurs – veut garder les commandes. Même si nous avons la faculté biologique de prendre du recul (grâce à notre système préfrontal), l'automatique s'enkyste. C'est une vision à court terme puisque notre entêtement nous fait gérer un contexte devenu compliqué avec un système cérébral propre à la gestion de la simplicité.

D'un événement au préalable simple et connu - Simon accueille Loïc qui rentre de l'école et il attend que son fils lui dise « bonjour » comme il le lui a appris -, nous avons basculé dans une histoire plus complexe - Loïc répond avec irrespect et Simon ne sait pas comment recadrer son fils pour l'amener vers sa valeur. Logiquement, c'est le moment opportun de faire appel à son *intelligence adaptative* et de traiter la situation à l'aide du système préfrontal, lequel lui conseillera, par exemple, d'accepter pour le moment ce qui se passe pour remettre le cap plus tard sur son principe. Éclairé par son intelligence adaptative, son objectif à long terme peut l'amener à laisser aller son intérêt à court terme.

Lorsque nous sommes en mode automatique, nous persévérons à ne pas céder : notre système automatique refuse de lâcher notre valeur, ne serait-ce que quelques instants. Il est programmé pour la simplicité et le binaire ; pour lui, accepter une fois l'impolitesse, c'est l'accepter « toujours ». Cette réaction est plutôt normale de sa part, puisqu'il ne sait pas gérer la complexité et la nuance.

Autrement dit, face à l'imprévu et au complexe, quand notre cerveau refuse la réalité qui lui déplaît, c'est le court-circuit et le blocage en automatique. Le système préfrontal remarque l'incohérence et, comme il n'a pas trouvé mieux pour nous prévenir, il déclenche le signal du stress. Alors que nous aurions besoin de toute la finesse et de toute l'intelligence de notre système préfrontal, le refus de s'adapter à ce qui se passe, le refus d'accepter un peu de ce qui nous déplaît nous font perdre notre sang-froid, nos moyens et notre efficacité à exprimer notre valeur. On ne réfléchit plus. On s'emporte ou on se laisse emporter.

Au lieu de prendre du recul pour gérer la situation au mieux, on «ré-agit» de manière automatique, sous le coup de l'émotion. Dommage, car en perdant nos moyens, nous perdons notre habileté à imaginer de nouvelles stratégies de communication. Notre action devient une réaction. Sans amplitude. Binaire.

LA BAISSE DE RÉACTIVITÉ FACE AUX ANTIVALEURS : LA CLÉ DE RELATIONS PLUS HARMONIEUSES

Une des solutions réside dans la possibilité de baisser notre réactivité allergique à nos antivaleurs. Cela nous permettra de passer en système préfrontal, de pouvoir faire face à la complexité de la situation avec plus d'efficacité et de rebondir, dans un deuxième temps, sur notre valeur.

Quand une personne allergique au pollen passe à côté d'un champ de fleurs au printemps, elle éternue, elle tousse, elle pleure... Cette action n'est pas décidée par sa conscience; elle est la réponse automatique de son organisme à une allergie. C'est la même chose quand nous sommes confrontés à l'une de nos antivaleurs. Quand Patricia communique avec quelqu'un d'irrespectueux, son cerveau réagit comme à une allergie. Il se rétracte (son système automatique se bloque) et, du coup, son poil se hérisse, son rythme cardiaque s'accélère, s'emballe (signaux du stress)... L'intérêt pour Patricia de savoir qu'elle est allergique à quelque chose de précis, c'est que sa réaction devient prévisible: elle peut donc s'en prémunir.

Dans le cas de l'allergie à une substance chimique ou à un objet physique, un médecin vous répondrait avant tout de veiller à ne pas vous exposer à l'allergène. Mais quand il s'agit d'une antivaleur, comment ne pas être en contact ? Comment Simon se prémunit-il contre l'impolitesse de son fils ? Comment John se prémunit-il contre les *stresseurs-cris* des enfants[42] ?

42. Exemple vu à la p. 65.

La vie nous paraîtrait certes plus facile si nous n'avions pas à composer avec nos aversions, si le manque de respect, la bêtise ou l'injustice, la vulgarité ou la violence se volatilisaient. Mais est-ce possible ? Nous avons vu que non. Et quand bien même ça le serait, est-ce seulement souhaitable ? Car une chose se définit par l'existence de son contraire et le principe de la vie réside dans l'équilibre des opposés.

La notion de « bien » est rendue possible parce que son contraire existe, le « pas bien ». Respect/irrespect, politesse/grossièreté sont les deux faces d'une même pièce, et sans négatif, pas de positif non plus. Qui peut d'ailleurs, de façon définitive, universelle et incontestable, marquer la frontière entre la tolérance et l'intolérance ? D'autant plus que ce qui est valable pour l'un ne l'est pas forcément pour l'autre. Si, en Europe, la politesse consiste à manger dans une assiette avec des couverts, dans d'autres pays, elle consiste plutôt à piger avec les mains dans un plat commun. Selon les coutumes et les pays, boire dans le verre d'un autre est un signe d'impolitesse ou une marque de bienvenue. Casser un vase, un symptôme d'énervement ou un acte qui scelle un mariage. Où mettre la limite entre l'acceptable et l'inacceptable ? Comme l'écrivait si judicieusement Mohandas Gandhi dans ses *Lettres à l'Âshram* : « Si chacun a raison de son propre point de vue, il n'est pas impossible que tout le monde ait tort[43]. »

Se prémunir contre les 6 999 999 999 autres personnes et leur lot d'antivaleurs potentielles ne va pas être facile… Un peu de souplesse dans le système serait incontestablement bénéfique pour tous. Et puis, imaginez un seul instant un monde où nous ne pourrions plus JAMAIS être grossier, par exemple en racontant une histoire vulgaire pour faire rire tout le monde ! Un monde où il nous serait interdit de faire des

43. Mohandas Gandhi, *Lettres à l'Âshram*, Paris, Albin Michel, 1980.

bêtises, comme mettre ses doigts dans un pot de chocolat pour le plaisir de les lécher ! Un monde où l'on ne pourrait JAMAIS être malhonnête, par exemple en mentant pour protéger des êtres chers en danger ! Poussons le bouchon plus loin : la violence n'est-elle pas, à certains moments, porteuse de vie ? Pour sauver une vie, il faut parfois poser l'acte violent d'amputer un membre !

Si, plutôt que de tenter d'éradiquer ce qui nous est insupportable – mais qui peut être vécu autrement par un proche –, nous adoptions le principe de la désensibilisation allergique ? Ce qui revient, d'ailleurs, à baisser notre stressabilité. Pour ce faire, nous allons nous servir de notre système préfrontal et chercher à comprendre l'intérêt de ces antivaleurs. Non pas dans le but d'y adhérer, mais dans celui de réduire notre réactivité abusive et de nous entraîner à mieux y faire face. Nous allons regarder l'autre côté de la pièce, chercher les avantages de ce que nous n'aimons pas, relativiser, nuancer…

Mais revenons un peu en arrière. Plongeons dans le scénario de départ de Simon et son fils, et changeons une donnée. Ce jour-là, Simon a appris à gérer ses antivaleurs (à se désensibiliser). Il est « zen ». Peu *stressable*. Loïc rentre tout aussi grognon et quand il répond à la question de son père par un : « Ouais, à chier, comme d'hab ! », Simon lui demande :

— Ah bon, que s'est-il passé ?

— Laisse tomber, pas envie d'parler…, répond Loïc, d'un air bougon.

— OK, rebondit Simon sans se laisser toucher par la mauvaise humeur de son fils.

Il lui laisse un peu de temps et renchérit :

— En tout cas, si tu veux te changer les idées, je suis là.

Il s'approche de son fils et l'embrasse :

— Et, au fait, bonjour !

Loïc ânonne d'un air sarcastique un « bonjour » caustique et continue à monter l'escalier. Simon prend du recul et comprend que, visiblement, son fils est de mauvaise humeur.

— Bon, il y a des jours avec et des jours sans. Mais ce n'est peut-être pas une raison pour négliger ton vieux père.

Il lui tape gentiment dans le dos et ajoute en le laissant filer :

— Tu sais que j'aime bien qu'on se dise bonjour.

Même scène, mêmes acteurs. Seul le ton est différent. Pourquoi ? Parce que Simon a pu relativiser l'attitude de son fils et ne pas la ressentir comme une attaque personnelle de ses valeurs. Qu'est-ce qui a changé ? Son état d'esprit, qui lui a permis de prendre suffisamment de recul face au langage sans fioriture de l'adolescent.

Bien que l'impolitesse et l'irrespect ne soient pas des attitudes que Simon valorise, il a été capable de les accepter comme faisant partie de la vie. En restant calme, il a pu changer de perspective et voir la situation sous un autre angle, moins « grave ». Grâce à quoi il a réfléchi et a trouvé une stratégie en accord avec ses principes : rester poli, sans pour autant laisser faire et baisser les bras avec fatalité. Son calme lui permettra, peut-être, de reparler de la scène plus tard avec Loïc et de lui rappeler une fois encore l'importance qu'il accorde à la politesse. Cela lui a demandé d'être inventif et souple, de ne pas juger *a priori* et de se rappeler que son fils ne se limite pas à ses moments d'irrespect. Il a accepté que transmettre une valeur de politesse ne se fait pas en un jour. Finalement, il a mis son ego en sourdine pendant quelques secondes pour accorder plus d'importance à sa valeur (respect) plutôt que de se laisser emporter par un jeu de pouvoir dirigé par son émotion (colère).

Le système préfrontal ne cherche pas la satisfaction du plaisir immédiat. Il peut prendre son temps et s'atteler à un travail de longue haleine, léger et mature à la fois, sans hâte et sans insouciance.

Réduire ses intolérances pour intervenir plus efficacement

Voyons à présent l'histoire de Valérie et d'Arthur.

Arthur est en cinquième[44] et suit des cours de latin. Il déteste profondément cette matière et a décidé qu'il ne poursuivrait pas cette option l'année suivante. Nous sommes en mars, sa moyenne générale de l'année dans cette matière est de 2/20 et il rentre un soir à la maison avec une magnifique note de 18/20. Sa mère, Valérie, interpellée par la situation, s'en étonne et se demande ce qui se passe, s'il s'agit d'une prise de conscience un peu tardive ou d'un amour soudain pour le latin. Elle observe cependant que son fils affiche une petite mine tristounette et qu'il semble embêté.

– Super, c'est chouette ! lui dit-elle enthousiaste. Cette note va faire remonter ta moyenne !

– Ben, euh… Tu comprends, dit-il en se dandinant d'un pied sur l'autre, visiblement très gêné. J'ai eu cette note parce que… j'avais mon cahier de déclinaisons à côté de moi, finit-il par avouer.

– Quoi ?

– Ben, oui, bredouille-t-il.

– Je rêve ou tu es en train de me dire que tu as triché ? Est-ce que tu te rends compte ? C'est grave ! C'est vraiment grave !

Valérie est folle de colère. Arthur ne bouge pas : il fait le mort et espère se faire oublier.

– Mon fils est un tricheur ! Tu crois que tu vas t'en sortir comme ça !

Emportée par sa colère, Valérie devient intarissable :

– Ce n'est pas ce que je t'ai appris, moi. C'est inacceptable dans cette maison. Je ne tolère pas ce genre de comportement et je suis outrée que mon fils fasse une chose pareille. Puisque

44. Équivalent de la 1re humanité en Belgique, de la 1re secondaire au Québec, du secondaire degré 1 en Suisse.

c'est comme ça, tu es privé d'activités ce week-end et j'appelle ton prof de latin dès lundi.

Comment Valérie se sent-elle après cette scène ? Elle est énervée, en colère, tendue. Elle pourrait ressentir des douleurs (tête, lombaires, etc.). Le lendemain, elle reparlera de la scène à ses collègues, à son mari ou à ses amis et s'emportera à nouveau en racontant l'histoire. Pour l'instant, elle a perdu momentanément l'envie d'être en contact avec son fils. Elle ne lui fait plus confiance et le juge en pensant : « C'est honteux ! Mon fils triche. J'ai honte pour lui. J'ai honte d'être sa mère. Qu'est-ce que les autres vont en penser si jamais ils apprennent ça ? Si je le dis à son père, il va être fou de colère. » Dans un couple désuni et jugeant, cette même pensée peut devenir : « Hum, il triche. Comme son père ! »

Et Arthur, comment se sent-il ? Culpabilisé ou honteux, avec une immense envie de rentrer sous terre. Il est découragé et ne sait pas comment réagir. Il se referme sur lui-même. Arthur regrette probablement son acte et ses pensées sont confuses, mais comment peut-il se sortir du traquenard dans lequel il s'est enfermé tout seul ? Peut-être aussi est-il fâché et pense-t-il que sa mère est « ringarde », « qu'elle fait chier ».

Conséquence : il n'entend pas ce qu'elle lui dit et encaisse sa colère comme des coups (on parle bien de « coups de gueule » !), en faisant le dos rond. Il n'intègre aucun message hormis que sa mère est furieuse. Il entend, peut-être, qu'on ne peut pas tricher, mais il entend surtout sa colère et, comme il se sent attaqué, il reporte la faute sur elle. Il pense certainement que sa mère est « hystérique, pas cool, chiante ». Ce qui lui permet, dans l'attaque, de garder un tant soit peu la tête haute. Il ne se remet pas en question et n'est pas amené à réfléchir aux implications de son acte.

Comme Valérie a perdu la confiance de son fils, Arthur risque de ne plus oser lui parler de tricherie si cela se reproduit, donc de cacher des faits ou de mentir dans le futur. Le mensonge n'est-il pas une forme de tricherie ? Sans le savoir, la mère invite inconsciemment son enfant à reproduire ce qu'elle rejette le plus : la tricherie.

La communication entre les deux est rompue...

Apprendre à voir les deux côtés de la médaille

Imaginons que Valérie parvienne, dans cette situation, à relativiser et à rester sereine. Pour cela, elle a accepté de se prêter à un exercice qui consiste à réfléchir aux avantages de la tricherie et aux désavantages de sa valeur (honnêteté, droiture). Réfléchissons avec elle.

— Quels sont, d'après vous, les avantages de la tricherie ?

— Aucun, il n'y en a pas. « Ce n'est pas bien de tricher ! » dit-on d'habitude.

— OK. C'est un point de vue. Mais si nous acceptons de voir plus loin, qu'est-ce que la tricherie permet de faire ?

— D'aller plus vite et d'atteindre son but facilement. Beaucoup de bénéfices pour peu d'efforts...

— Et quoi encore ?

— De tirer son épingle du jeu. De gagner sans devoir respecter les règles.

— Quel serait l'avantage d'avoir un fils qui triche ?

— Aucun !

— En êtes-vous sûr ? Et si nous nous faisions l'avocat du diable ?

— Mon fils est malin. C'est une forme d'intelligence d'être capable de tricher.

Pour Valérie, l'avantage que son fils ait triché pourrait être aussi moins de naïveté à l'avenir et plus de vigilance quant aux dérives possibles. Un autre avantage est que ce différend lui fournit une occasion pédagogique de pouvoir parler de la tricherie avec Arthur. Si tout se passait bien, toujours et tout le temps, quand parlerions-nous de ces sujets avec nos enfants ? Cela pourrait donner à Valérie l'occasion de parler de sa valeur d'honnêteté. Ou d'élargir son discours à d'autres valeurs telles que la responsabilité.

Pour Arthur, cet événement est l'occasion de réfléchir aux risques qu'il prend en agissant ainsi, de tester la tricherie et ses conséquences.

Et quels seraient les inconvénients de l'honnêteté ? Voici quelques réponses possibles :

- Ça demande du temps d'être honnête. Plus d'engagement et plus de travail.
- On est plus vulnérable : comme on ne connaît pas la tricherie et on ne sait pas comment y faire face...
- On vit moins d'expériences car on reste sur des routes balisées.
- On ressemble au Schtroumpf à lunettes moralisateur et les autres s'attendent à ce que l'on soit toujours honnête. On est coincé dans un rôle souverain, dans une obligation de conduite irréprochable. C'est embêtant dans l'absolu de ne jamais pouvoir faire appel un tout petit peu à la tricherie. On est privé de cette liberté. N'est-ce pas un handicap de ne jamais pouvoir tricher ?

En réfléchissant aux avantages et aux inconvénients de son antivaleur, Valérie endigue sa forte réactivité émotionnelle et prend du recul face à ce qu'elle n'aime pas : la tricherie de son fils. Elle nuance succès et échec, et sa stressabilité baisse puisqu'elle lâche le système automatique pour réfléchir avec la partie la plus intelligente de son cerveau. Elle redevient créative, souple, plus légère et rebondit sur un de ses projets de parent, à savoir responsabiliser son enfant, notamment sur les conséquences de la tricherie. Pour l'instant, le problème existe toujours : Arthur a triché à son examen de latin. Mais Valérie a changé sa manière d'appréhender la situation, gagné en finesse.

Voici le style de discussion qui pourrait en découler :

— Super, c'est chouette ! dit-elle, enthousiaste, à son fils. Cette note va faire remonter ta moyenne !

— Ben, euh… Tu comprends, dit-il en se dandinant d'un pied sur l'autre, visiblement très gêné. J'ai eu cette note parce que… j'avais mes déclinaisons à côté de moi…

La mère sourit et se tourne vers son fils, l'œil taquin :

— Ah oui ? Tu as gardé ton carnet de déclinaisons ? C'est une nouvelle consigne ? Vous pouvez garder vos carnets pendant les interrogations écrites ?

— Euh, non, on ne pouvait pas, rétorque-t-il, gêné. On devait connaître nos réponses par cœur.

— Tu as triché, si je comprends bien… Tu aurais pu t'arranger pour avoir 20/20 ! ajoute-t-elle, espiègle.

Son fils, tout penaud, baisse la tête et ne sait pas très bien quoi répondre, décontenancé par l'attitude de sa mère. Il sait pertinemment que celle-ci ne valide pas le mensonge ni la tricherie et, pourtant, elle n'a pas l'air contrariée. Se moque-t-elle de lui ? Va-t-elle exploser plus tard ? Que se passe-t-il ? Il devient curieux, trop content de ne pas se faire sermonner.

— C'est intéressant, poursuit Valérie. Je te propose qu'on discute un peu de la tricherie. C'est quoi la tricherie, d'après toi ? À quoi ça sert ?

— Ça sert à avoir une belle note quand on n'a pas étudié… Ça sert à faire remonter sa moyenne… À ne pas se fatiguer à étudier…, dit-il timidement, encore un peu sur la défensive.

Arthur est gêné, mais assez en confiance pour en parler, car il ne se sent pas jugé ni agressé.

— Oui. Et quels en sont les risques ? poursuit Valérie.

— Les risques ?

Arthur réfléchit.

– Se faire prendre et avoir un zéro…

Il réfléchit encore:

– Avoir une réputation de tricheur et que les profs n'aient plus confiance en moi…

– Es-tu prêt à assumer ça?

– Non. Je n'ai pas envie de me faire prendre.

– Y a-t-il un risque que tu te fasses prendre?

– Ben… oui…

– Peux-tu imaginer comment tu te sentirais si cela arrivait?

Arthur prend le temps de réfléchir et bafouille sa réponse, tout en affichant un sourire penaud (rire jaune) et une mine un peu déconfite:

– Pas très bien…

– Que vas-tu faire?

– …

– Tu vas continuer à tricher? Ou bien assumer tes zéros?

– …

– Ou étudier…?

Arthur reste coi et hoche timidement la tête, visiblement embarrassé.

– Écoute, ajoute Valérie, je te laisse réfléchir à ça. C'est à toi de décider. Je ne peux pas contrôler tous tes faits et gestes. Mon rôle à moi est de m'assurer que tu es bien capable d'assumer ce que tu fais.

Valérie a placé ses valeurs de responsabilité et d'honnêteté au-dessus de ses antivaleurs de tricherie et de mensonge. Grâce à cette attitude, elle fait réfléchir son fils, elle le responsabilise et, par ce moyen, l'aide à grandir. Elle reste cohérente puisqu'elle valorise ce qu'elle aime: la responsabilité (la sienne et celle d'Arthur). Elle a su mettre de côté ce qu'elle n'aime pas: la tricherie. Elle reste lucide sur le fait que la tricherie fait partie de la vie et que ne jamais tricher pourrait être un handicap.

Arthur, lui, a regardé le problème sous un autre angle, et même s'il ne l'avoue pas (on a sa fierté à défendre à cet âge-là), il changera vraisemblablement sa façon d'agir à l'avenir ou, du moins, y réfléchira à deux fois avant de recommencer à tricher. S'il le fait, il sera plus conscient des conséquences possibles.

L'important n'est-il pas aussi qu'il garde confiance en sa mère ? Qu'il puisse être enclin à lui confier à nouveau ses doutes, ses gênes, ses « bêtises » et que la communication entre eux reste bonne ?

Accepter d'aller parfois contre nature

Prendre du recul face à une situation, c'est pouvoir, dans certains cas, ne pas réagir au quart de tour. Maîtriser nos émotions favorise, à terme, notre cohérence et nous permet de rester fidèles à nos valeurs, de gagner en efficience, bien plus que lorsque nous sommes dans « l'action/réaction », mais c'est loin d'être facile et cela demande un peu d'entraînement.

Cette bulle d'oxygène que nous nous octroyons (quand nous nous l'octroyons !) accroît notre capacité à rester maîtres de la situation parce que nous acceptons momentanément de ne pas contrôler. Comme lorsqu'on dérape en voiture sur une plaque de verglas : il vaut mieux être capable de lâcher prise, de laisser aller le véhicule quelques secondes pour ensuite contre-braquer… et puis seulement freiner, s'arrêter, redémarrer et poursuivre sa route.

Le contre-braquage n'est pas naturel. Quand nous sommes sur le point de glisser vers un précipice, tourner notre volant vers ce ravin n'est pas un geste spontané. Il faut apprendre à le faire. C'est la même chose pour nos allergies et nos antivaleurs : il n'est pas courant ni simple d'aller temporairement vers ce que nous voulons éviter. Ni d'être naturellement en mode préfrontal.

Voir la réalité en face et s'y adapter

Ne pas réagir momentanément à quelque chose qui nous déplaît n'équivaut pas à se résigner. Il est important de ne pas confondre la sagesse de la personne qui ne dit rien et la mollesse de celle qui subit avec fatalisme et finit par tout accepter... Cette nuance de taille différencie l'acceptation de la démission.

Quand une situation nous dépasse, nous pouvons baisser les bras pour tout un tas de raisons, bonnes ou mauvaises : parce que nous n'avons pas la force de nous opposer, parce que nous sommes épuisés, parce que c'est plus facile, etc. Mais il ne s'agit pas de ça ici. Accepter de voir la réalité ne veut pas dire qu'on est d'accord avec cette réalité ni qu'on l'encourage. Au contraire, c'est tenir compte de ce qui est en train de se passer, c'est voir cette réalité nouvelle et s'y adapter dans le but de rester cohérents avec notre objectif.

Par exemple, Simon, en entendant le phrasé un peu grossier de son fils, se dit que ce n'est pas en le contrant qu'il arrivera à quelque chose. Il voit que son fils est mal luné. Il rebondit, met le cap sur sa valeur de politesse, prend l'initiative de dire bonjour et d'être gentil. En agissant de la sorte, il responsabilise Loïc qui, lui, à son tour, prend conscience qu'il est bougon et s'excuse auprès de son père.

C'est parce que la situation devient complexe et inattendue qu'il est intéressant de ralentir le rythme pour se distancier de la scène. Être conscient de ce qui se passe pour inciter l'autre à en devenir conscient à son tour. Valérie fait réfléchir Arthur aux conséquences de la tricherie et c'est grâce à son calme qu'elle arrive à être inventive, à proposer un scénario finalement bien plus efficace que le traditionnel « coup de gueule ».

Être ferme sur le fond, souple sur la forme

Nous avons vu que nous sommes fiers d'avoir des antivaleurs et que nous y tenons férocement : elles font partie intégrante de nous et dirigent nos actions – tout est mis en œuvre afin d'éviter la cohabitation. Mais elles réduisent notre souplesse d'esprit et notre marge de manœuvre. Pis encore, elles nous amènent à juger négativement ou trop hâtivement les gens qui les endossent, sans chercher au-delà des apparences. Nous entendons quelque chose qui « ressemble » à du mensonge, et paf, nous collons à la personne une étiquette de « menteur », voire de « menteur professionnel » !

« Normal, nous direz-vous. Nous n'allons pas encourager les menteurs, tout de même ! » Oui, nous pouvons le voir sous cet angle. Mais c'est oublier alors que nous réagissons à une émotion négative, qui réduit notre champ d'action. Répondre au mensonge de façon impulsive, c'est accorder plus d'intérêt à ce que nous détestons (le mensonge) qu'à notre valeur (l'honnêteté). Nous nous focalisons alors sur un point qui emplit tout notre espace et nous empêche de voir plus large, d'embrasser la totalité de la scène. Nous zoomons, nous nous concentrons sur ce qui pose problème en fixant notre attention exclusivement sur ce point-là. Conclusion : nous dirigeons notre énergie sur le blocage plutôt que sur la recherche de solution.

Connaissez-vous le lieutenant Columbo, ce personnage vedette, à l'apparence un peu rustique, d'une série policière américaine ? Pourquoi, d'après vous, cet inspecteur obstiné et perspicace de la brigade criminelle de Los Angeles est-il si efficace quand il doit remonter le fil d'un crime ? Parce qu'il a la capacité de ne pas réagir au mensonge et à la fourberie. L'inspecteur Columbo joue le naïf. Il fait « comme s'il n'entendait pas le mensonge ». Il écoute ce que l'autre lui dit et quand il ne comprend pas, il pose des questions, parfois même des questions qui paraissent « bêtes ». Il cherche à comprendre sans tenter de convaincre son interlocuteur d'adhérer à ses valeurs. Comme il n'est pas agacé par les gens qui mentent, il ne tente pas de faire entendre raison au suspect en lui faisant la morale.

Il ne dit pas: «Je sais que j'ai raison et je vais vous le prouver! Vous êtes un menteur.» Il agit avec beaucoup plus de subtilité.

Si, au début de son enquête, il pense à une imposture, cela reste une hypothèse. Il se dit: «Tiens, et s'il me mentait? À quoi devrais-je être attentif? Comment agir au mieux face à quelqu'un qui ment?» Son intention est de trouver l'auteur du crime et, pour cela, il use de son impassibilité face au mensonge. Il voit même tous les avantages de poser des questions naïves à quelqu'un qui ment peut-être. Il comprend qu'il peut aller plus loin dans son questionnement, qu'il peut valider ou invalider ses hypothèses et que cela lui permet de construire sa stratégie. Moralité: il gagne en finesse.

Pour l'inspecteur Columbo, un des avantages de travailler avec des gens malhonnêtes est de pouvoir accroître l'expression de sa valeur: l'honnêteté. Cela donne du sens à son métier. S'il avait une intolérance au mensonge, il perdrait ses moyens à chaque confrontation avec un menteur. Cela nuirait à la pratique de son métier, qui consiste justement à restaurer la justice en pouvant discerner la vérité du mensonge. Pour lui, mieux vaut garder la tête froide. Notre cher lieutenant Columbo ne stresse pas dans cette situation-là. Il mâchonne son cigare, l'air détaché et naïf. Il remonte dans sa Peugeot 403 cabriolet et poursuit sa route et, surtout, ses valeurs. Même si, pour cela, il doit jouer avec le mensonge... Columbo lâche prise sur la forme, mais pas sur le fond.

Sans antivaleurs sur un sujet, nous sommes comme lui: nous prenons du recul. Autrement dit, quand nous arrivons à baisser notre seuil d'intolérance, notre état d'esprit change (le système automatique passe la main au système préfrontal), notre stressabilité diminue (le système reptilien n'entend plus de signal de détresse et coupe le stress) et nous gardons notre calme. Cela ne veut pas dire pour autant que nous aimons notre antivaleur: elle ne fera pas partie de nos critères d'éducation

– le 3e système ne s'est pas mis à aimer ses antivaleurs, il s'est contenté de passer la main au système préfrontal pour gérer l'antivaleur avec plus de nuances. Mais, au moins, nous restons posés face à une situation qui nous dépasse, et la communication avec nos enfants reste positive, souple et plus adaptée. Nous envisageons les écueils sur notre route comme autant d'événements qui font partie de la vie et mènent nos jeunes vers leur épanouissement et leur autonomie.

Quand nous acceptons de croiser au quotidien un peu de ce que nous n'aimons pas, sans en faire un drame, nous nous ouvrons à des attitudes plus porteuses de solutions. Nous envisageons d'autres manières de faire. Nous jonglons avec l'adversité et transmettons plus efficacement nos idéaux – qui ne sont, après tout, que des opinions qui nous sont propres, dans une culture donnée, à une époque donnée.

Exercice 12

Le « pack aventure[45] »

Cet exercice est un puissant outil pour explorer toutes les facettes d'une même valeur. Accordez-vous suffisamment de temps pour le faire, soit entre 20 et 45 minutes. Si vous avez du mal à trouver des réponses, faites-le en présence d'une personne qui n'est pas impliquée dans la situation et qui vous aidera à réfléchir autrement. Tout seuls, nous avons tendance à ressasser les mêmes opinions et à tenter de convaincre les autres du bien-fondé de ces dernières.

Pour faciliter la compréhension de l'exercice, nous allons utiliser l'exemple de Valérie et d'Arthur, que nous avons vu dans ce chapitre. Le « pack aventure » de Valérie est à la p. 159.

- Choisissez un moment propice de la journée où vous n'avez pas d'obligation ni d'engagement, afin de pouvoir dresser votre « pack aventure », en vous inspirant de celui de Valérie (p. 159), au rythme qui vous convient.
- Au point 1, inscrivez votre **allergie** (antivaleur). Dans le cas de Valérie, il s'agit de la tricherie. Notez-en les inconvénients. Valérie a trouvé que les conséquences négatives de la tricherie sont qu'Arthur ne connaît toujours pas son latin et qu'il risque d'avoir zéro. Trouvez au moins quatre inconvénients.

45. Le terme de « pack aventure » est utilisé par Jacques Fradin pour désigner une réflexion qui aide à nuancer succès et échec et amène à une réalisation plus profonde de la valeur. Cet exercice nous fait découvrir une autre façon d'appréhender notre valeur et nous fait explorer les avantages de ce que nous détestons, mais aussi les inconvénients de ce que nous aimons. Cette réflexion est souvent « sportive », car notre système automatique s'obstine à ne pas vouloir trouver des avantages. Il est intéressant de lâcher prise… et de partir à l'aventure de cette nouvelle façon de voir.

Exercice 12 (suite)

- Réfléchissez à la **valeur** que vous aimeriez transmettre à vos enfants à la place, et notez-la au point 2. Valérie a choisi l'honnêteté. Écrivez les avantages que cette valeur vous procure. Pour Valérie, il s'agit d'explorer les aspects positifs de l'honnêteté. Trouvez au moins quatre avantages.
- Au point 3 (l'exercice devient plus difficile), inscrivez les désavantages de votre **valeur**, ses conséquences négatives. Pour Valérie, par exemple, les inconvénients de l'honnêteté sont de l'empêcher de faire certaines choses et de paraître un peu naïve. Trouvez au moins un inconvénient pour chacun des avantages notés au point 2.
- Enfin, au point 4, écrivez les avantages que comporte votre **allergie** (au moins un avantage pour chaque inconvénient). Il se peut que vous pensiez spontanément : « Il n'y a aucun avantage ! » Et pourtant, chaque avantage a ses inconvénients et inversement…

Bonne réflexion !

LE « PACK AVENTURE » DE VALÉRIE

1. Inconvénients de l'**allergie** (antivaleur), la tricherie

- Arthur ne connaît pas son latin.
- Il risque d'avoir zéro.
- Il risque de perdre ma confiance.
- Il risque de perdre la confiance du prof.
- Il donne une « fausse » bonne image de lui.

Exercice 12 (suite)

2. Avantages de la **valeur**, l'honnêteté

- Arthur n'a rien à se reprocher.
- Il est plus authentique, plus transparent.
- Il inspire confiance, donne une image positive.
- Il ne prend pas de risques indus.
- Il se sent bien, car il est en accord avec ses valeurs.

3. Inconvénients de la **valeur**, l'honnêteté

- Arthur ressemblerait au Schtroumpf à lunettes moralisateur.
- Il devient prévisible et vulnérable : c'est un handicap de ne jamais pouvoir tricher.
- Il doit maintenir cette réputation irréprochable, ce qui peut devenir une pression sociale. Comme tout le monde attend de lui qu'il soit honnête, il ne peut pas décevoir.
- Il apprend moins puisqu'il reste sur une route balisée.
- Il fait moins de remises en question.

4. Avantages de l'**allergie** (antivaleur), la tricherie

- Il a gagné du temps pour les autres matières.
- C'est plus facile, car un zéro fait généralement plus réfléchir et se remettre en question qu'un 18/20.
- À l'avenir, je serai plus vigilante, plus attentive aux agissements d'Arthur.
- Arthur va étudier davantage pour regagner ma confiance et il augmentera ainsi sa possibilité d'avoir de bonnes notes.
- Cette valorisation gratuite redore son blason.

Exercice 13

Le « pack aventure » minute

Il existe une variante de l'exercice précédent, que l'on peut faire chaque fois que l'on sent une tension monter.

Par exemple, vous avez rangé la maison avant de partir et vous la retrouvez sens dessus dessous en rentrant le soir... Vos cheveux se hérissent, mais vous souhaitez cependant communiquer calmement et fermement pour être entendu.

- Demandez-vous ce qui vous fait réagir (trouvez votre antivaleur). Dans le cas présent, notre hypothèse serait que vous ne supportez pas le désordre. Antivaleur = désordre.
- Trouvez cinq avantages au désordre (à votre antivaleur). Par exemple, les avantages du désordre pourraient être :
  - c'est plus facile que de ranger ;
  - on ne perd pas de temps ;
  - les autres rangent à notre place ;
  - on a plus de liberté ;
  - c'est plus reposant ;
  - c'est la vie ;
  - c'est le signe que les enfants sont rentrés de l'école sains et saufs ;
  - on peut retrouver des choses par hasard.

Pour réfléchir aux avantages d'une chose que vous détestez, vous devez recruter votre système préfrontal (votre système automatique ne peut pas le faire). Par conséquent, le stress baisse, vous vous calmez et vous retrouvez vos moyens.

Exercice 13 (suite)

Rappelons encore que l'objectif de cet exercice est de stimuler votre capacité à nuancer et à relativiser pour mieux communiquer. La maison ne sera pas rangée pour autant et vos enfants ne seront pas plus ordonnés, du moins pour l'instant. Mais en gardant le contrôle de vous-même, vous augmentez vos chances de communiquer calmement et de pouvoir faire passer votre message : que vous aimez l'ordre et souhaitez que votre valeur soit respectée.

En bref: Valeurs et antivaleurs

Nos valeurs représentent la somme de ce que nous aimons et voudrions transmettre à nos enfants. Elles sont non seulement des phares qui donnent du sens à nos actions et à nos engagements, mais aussi de puissants moteurs qui nous stimulent et nous enthousiasment.

Nos antivaleurs représentent ce que nous détestons et voulons éviter à tout prix. Nous tentons de les fuir, car elles agissent comme de puissants facteurs allergisants qui nous donnent de l'urticaire. Elles nous rebutent. **Ce sont nos stresseurs n° 1.**

Les décisions relatives à nos valeurs et à nos antivaleurs sont gouvernées par le territoire néo-limbique de notre cerveau, à savoir notre 3e système.

Pour gérer sereinement des situations complexes où nous sommes confrontés à ce que nous n'aimons pas, le mode préfrontal est de mise. Mais notre système automatique résiste car il est, entre autres, dépositaire de nos valeurs; de plus, son fonctionnement binaire et simpliste l'empêche de lâcher prise. Notre stress est le symptôme de ce blocage. Voilà pourquoi, face à nos intolérances, nous devenons souvent intolérants, rigides, fermés à une autre façon de voir les choses.

Une solution consiste alors à apprendre à passer la main au système préfrontal en cherchant les avantages et les inconvénients de chaque situation (voir l'exercice « pack aventure »). Ce faisant, nous baissons notre réactivité face à nos intolérances, nous devenons moins impulsifs, plus à même de gérer efficacement la situation, et nous découvrons que le bonheur est lié à un état d'esprit.

À terme, cela nous permet de communiquer plus sereinement avec nos enfants, d'accepter mieux ce que l'on vit et d'en tirer parti, avec plus d'efficacité, de légèreté et de joie de vivre.

Et, surtout, cela nous prédispose à mieux transmettre nos valeurs à notre famille, à mieux les exprimer.

CHAPITRE 8
À la recherche d'un équilibre

En nous efforçant d'atteindre l'inaccessible,
nous rendons impossible ce qui serait réalisable.

PAUL WATZLAWICK[46]

Bien des parents nous font part des exigences qu'ils se sont fixées, tant pour eux que pour leurs enfants. Nous voulons tous réussir tant de choses… et sommes disposés à renoncer à si peu… En tant que parents, nous désirons ce qu'il y a de mieux pour nos chérubins et nous plaçons la barre tellement haut que nous en oublions parfois de regarder la réalité. Que cherchons-nous au juste dans notre course folle de superhéros (superpapa ou supermaman, supersportif, super-au-courant, superenfant, etc.) ?

La société moderne, que nous avons créée de toutes pièces, nous incite à agir en êtres pétris d'exigences. Nous en voulons toujours plus. Être au top au travail, être heureux en ménage et s'épanouir en famille ; être en forme physiquement, nourri

---

46. Psychologue, philosophe, thérapeute austro-américain (1921-2007), Paul Watzlawick est une des personnes les plus influentes du Mental Research Institute, qui a créé le mouvement de Palo Alto, en Californie.

culturellement ; avoir une belle maison bien rangée, des amis, des loisirs intéressants ; voyager souvent tout en épargnant pour nos vieux jours. Nous voulons que nos enfants réussissent, c'est-à-dire qu'ils fassent des études, brillantes de préférence, mais qu'ils fassent aussi du sport et soient curieux des autres, qu'ils lisent et se cultivent, qu'ils soient autonomes, et qu'ils ne fassent pas des choix aux antipodes de nos valeurs. Etc.

Cet appétit de superlatifs nous bloque férocement dans de lourdes habitudes qui nous rendent obtus, qui menacent de nous faire perdre souplesse et joie de vivre et, plus grave encore, qui nous éloignent de notre objectif vital : l'équilibre. Dommage. À tant vouloir, nous passons à côté de l'essentiel car, comme le dit l'adage populaire, « Qui trop embrasse mal étreint ».

EXIGENCE, QUAND TU NOUS TIENS !

Nos exigences forment la somme de ces impératifs absolus qui réduisent toute forme de négociation. Exiger, c'est commander, obliger, astreindre. Une exigence, par définition, engendre le stress puisqu'elle exclut l'échec : quand on obtient, tout va bien ; quand on n'obtient pas, tout va mal. Nos exigences sont souvent synonymes d'une attente qui, à son tour, engendre une forme de passivité. On « veut » et... on guette le résultat. On commande et... on espère, en croisant les doigts, que ça tombera tout seul... On exige, sans réfléchir, dans l'espoir que les mots seuls suffiront à créer le résultat. Nécessité fait loi !

Notre stressabilité devient maximale face aux exigences que nous imposons aux autres puisque nous dépendons alors de leur « bon » vouloir et que notre pouvoir est limité. Nous avons très peu de marge de manœuvre dans ce cas. Par exemple, nous exigeons, au nom d'une de nos valeurs, que notre enfant fasse de « bonnes études ». Mais qu'est-ce qui dépend de nous dans le fait qu'il réussisse ses études ?

Nous sommes convaincus qu'en exigeant nous avons plus de chances d'obtenir parce que notre demande est non négociable. Cette rigidité nous donne l'illusion que nous obtiendrons ce que nous voulons, comme si nous énoncions une formule magique: «J'exige, donc j'aurai!» Ou bien: «Je t'oblige, donc tu vas y arriver! Abracadabra. Je te l'ordonne.» On prend sa grosse voix, on jette un regard noir et on pointe un index impérieux… On s'en fiche que l'autre le veuille ou pas puisque nous, nous l'exigeons!

Bien que cette attitude soit monnaie courante dans notre façon d'agir, elle relève d'un comportement plutôt enfantin et capricieux. Quels moyens nous donnons-nous pour atteindre notre objectif quand nous nous contentons d'exiger? Mettons-nous les actions adéquates en place?

Nous pressentons naturellement la déviance que représente l'exigence en amenant nos enfants à plus de modération quand ils nous disent: «Je veux!» «Non, je voudrais», rétorque-t-on. Ce qui inclut l'éventualité de ne pas avoir. Tiens, tiens, oublie-t-on cette ligne de conduite quand il s'agit de nos propres exigences?

Quand nous recadrons nos enfants par le simple emploi du conditionnel, nous les replaçons face à la cohérence des moyens qu'ils se donnent pour arriver à leurs fins. Nous les mettons face à leur responsabilité: «Tu voudrais réussir cet examen. Je comprends bien. Que fais-tu pour y arriver? Que mets-tu en place qui dépende de toi (et non pas des autres)? Quel choix fais-tu pour parvenir à cette réussite? À quoi es-tu prêt à renoncer?»

Et nous? Face à nos exigences, nous posons-nous les mêmes questions? «Que fait-on pour y arriver? Que met-on en place qui dépende de nous (et non pas de notre enfant)? Quel choix fait-on? À quoi est-on prêt à renoncer pour y arriver?»

TRANSFORMER LES EXIGENCES EN AMBITIONS

Quand nous pensons à l'avenir de nos enfants, nous voulons leur bonheur à tout prix et nous plaçons haut la barre de nos exigences. Mais quelle est notre part de responsabilité, à nous, parents, sur un tel sujet ? Qu'est-ce qui dépend vraiment de nous ? Quels sont nos leviers d'action ? De quoi sommes-nous vraiment responsables ? Et qu'est-ce qui dépend d'eux ? Quelle est également la part qui dépend de la vie, des rencontres, des circonstances, du hasard ?

En recherchant absolument le bonheur de nos enfants, nous développons une exigence qui devient tyrannique, totale : la « réussite » devient impérative et nous fait craindre chaque écueil. Essayons à présent de garder le même objectif de bonheur et, plutôt que d'en faire un diktat, transformons-le en ambition. Avoir une ambition, c'est définir un cap, cheminer dans une direction, réfléchir aux moyens d'y arriver et construire pas à pas la route qui mène vers ce but, tout en acceptant que, peut-être, nous n'y arriverons pas, car rien n'est jamais certain.

Par cette nouvelle attitude, nous nous concentrons sur les moyens dont nous disposons et nous incluons l'éventualité que nos enfants puissent ne pas être heureux. Du coup, nous devenons plus souples, plus créatifs, nous amenons nos enfants à réfléchir au bonheur, à nuancer leurs pensées sur les possibilités d'être heureux ou pas, à s'impliquer dans la réalisation de leur propre destinée. Nous-mêmes relativisons notre mission de parents en prenant conscience qu'un ensemble d'éléments ne dépendent pas de nous et relèvent de l'aléatoire. Nous pouvons certes mettre beaucoup de choses en œuvre pour favoriser le bien-être de nos enfants, mais, au final, tout peut advenir.

Et puis, être heureux, qu'est-ce que cela veut dire ? Si nous avons notre propre définition, quelle est la leur ? Quels sont les ingrédients qui entreront dans leur recette du bonheur ?

Qu'attendent-ils de la vie ? Même en nous donnant une infinité de moyens, nous n'aurons jamais la garantie à 100 % que nos enfants seront heureux. Le vouloir relève d'une illusion, d'un fantasme.

Basculer de l'exigence à l'ambition, c'est arrêter de vouloir un résultat de façon inconsidérée et se concentrer sur les moyens à mettre en œuvre pour s'en approcher ; la route devient plus intéressante que le but à atteindre. C'est lâcher nos automatismes rigides et opter pour la nuance adaptative de notre système préfrontal. C'est négocier nos objectifs à la lumière du contexte, tout en acceptant que, peut-être, nous n'arriverons pas à les atteindre tous.

Exercice 14

Moins d'exigences, plus de moyens

Voici un exercice apaisant pour transformer nos exigences en ambitions (ce qui inclut la possibilité d'échec). Il permet d'augmenter les moyens dont nous disposons pour atteindre nos objectifs et d'accroître, par conséquent, la probabilité d'y arriver.

1. Partez d'une situation pour laquelle vous constatez que vous êtes dans une impasse. Vous voudriez absolument que quelque chose se passe, mais vous ne savez pas comment y arriver.
2. Prenez le temps de réfléchir à ce que vous voulez. Quel est votre objectif ? Que voulez-vous atteindre ? Notez-le clairement sur une feuille. Le simple fait de l'écrire peut déjà vous apaiser.
3. Écrivez les moyens dont vous disposez, aujourd'hui, pour réaliser cette action (exigence). Quoi ? Comment ? Avec qui ? Etc.
4. À présent, laissez-vous aller : imaginez tous les autres moyens dont vous pourriez disposer, même les plus extravagants, les plus fantaisistes ou les plus incongrus. À cette étape, ne soyez pas sérieux ni réaliste. Au besoin, déposez votre stylo et réfléchissez en marchant, en dansant, en levant les yeux vers le plafond ou vers le ciel. Faites-vous aider par quelqu'un qui n'est pas dans la situation et peut vous proposer tout un tas d'idées loufoques. Imaginez ce que vous feriez avec une baguette magique ou si vous étiez Super X aux pouvoirs extraordinaires. Il est important ici de vous laisser aller à des idées totalement fantasques. Vous mobilisez ainsi votre système préfrontal, qui va naturellement faire émerger de

Exercice 14 (suite)

nouvelles solutions. Amusez-vous, ne soyez surtout pas sage pour l'instant. Vous aurez le temps de l'être plus tard.

5. Faites le tri parmi les nouveaux moyens que vous avez trouvés. Écrivez tout ce qui serait envisageable dans votre situation, pour atteindre plus facilement votre objectif.
6. À présent, faites une liste de toutes vos exigences :
   - Je dois absolument…
   - Il faut à tout prix que…
   - Je ne peux pas ne pas…
   - Il n'est pas possible (concevable, imaginable) que…
7. Relisez vos exigences à voix haute. Qu'en pensez-vous ? À la relecture, qu'est-ce qui vous semble « irréel », c'est-à-dire non réaliste compte tenu du contexte ?
8. Quelles exigences pourriez-vous réduire ou laisser tomber ? Quelles exigences dépendent d'autres personnes ?
9. Compte tenu de tout ce que vous avez constaté, qu'allez-vous mettre en place qui ne dépende que de vous ?
10. Établissez un nouveau plan d'action qui vous permette d'atteindre votre objectif avec plus de sérénité.

MISER SUR LA RESPONSABILISATION ET L'AUTONOMIE

L'histoire qui suit illustre ce que peut donner une attitude d'ouverture et de lâcher-prise (système préfrontal) face aux exigences pas toujours assumées de nos jeunes.

Stéphane a 20 ans et veut être une *rock star* ! Depuis quelques années, c'est son leitmotiv qu'il répète à qui veut l'entendre… un peu comme une incantation magique. Il a décidé de se présenter au concours d'entrée du conservatoire de musique, sans pour autant avoir passé beaucoup de temps à répéter. Quand il apprend qu'il a échoué, il est triste, perdu et se sent mal. Que va-t-il faire ? Il n'en a pas la moindre idée car son rêve, c'est d'être une *rock star*, mais il ne sait pas très bien comment y arriver. Beaucoup d'exigences, peu de moyens.

Pour sa maman, Cecilia, la situation n'est pas facile à vivre. Jusqu'à l'année précédente, elle avait envisagé un autre scénario d'avenir pour son fils, plutôt doué à l'école, et elle se figurait naturellement qu'il poursuivrait des études universitaires. Stéphane l'avait habituée à de bonnes notes, aux félicitations de ses professeurs, alors elle l'imaginait ingénieur ou quelque chose dans ce genre-là.

Pendant plusieurs mois, Cecilia a tenté de faire en sorte que Stéphane poursuive ses études tout en faisant de la musique (comme un à-côté, de préférence, et sans que cela prenne trop de temps). Elle avait monnayé son accord contre une inscription à l'université. Jusqu'au jour où elle s'est rendu compte que son obstination à refuser que son fils soit musicien n'aidait pas Stéphane à avancer dans la vie ni à s'épanouir d'une quelconque façon. Il lui a fallu plusieurs mois pour accepter la voie artistique que Stéphane voulait prendre. Aujourd'hui, elle apprend que Stéphane a échoué à l'examen d'entrée du conservatoire et elle est désemparée. Son élan premier est de vouloir le prendre en charge, de le réconforter et de trouver des solutions pour lui… tout en lui faisant quand même la morale sur son manque de travail.

Son fils l'envoie balader :

— Maman, je n'ai pas envie d'en parler, ce n'est pas le moment. Je t'en parlerai quand ça ira mieux.

Cecilia se recentre alors sur ce qui lui semble le plus adéquat : aider son fils, pour qu'il se donne les moyens de devenir musicien.

— OK, lui répond-elle, je comprends que tu n'aies pas envie d'en parler maintenant et je te laisse tranquille. Si tu en as besoin, je suis là. Je te propose par contre qu'on fasse le point dans 10 jours, car si tu veux te donner des chances de réussir, il va te falloir prendre des décisions. Et en tant que mère, j'ai besoin de savoir ce que tu décides.

Nous sommes début septembre et Cecilia voit son fils sortir tous les soirs avec un copain pour assister à des concerts de jazz. Il ne lui parle pas de ses projets d'études. Il lui demande juste de ne pas s'inquiéter et de lui laisser du temps. Nous sommes à quelques jours de la rentrée universitaire et il n'est inscrit nulle part.

Ce n'est pas facile pour Cecilia de lâcher prise et de ne pas s'inquiéter. Pour y parvenir, elle se concentre sur ses propres valeurs : autonomie, travail, passion, responsabilité. Elle se demande comment elle peut aider Stéphane qui entame sa vingtaine. Elle se répète que si elle souhaite intensifier l'autonomie de son fils, elle ne doit pas gérer le problème à sa place. Elle s'interroge : jusqu'où doit aller son implication en tant que mère, compte tenu que Stéphane vit encore à la maison et qu'il est financièrement dépendant de ses parents ? Après réflexion, elle pense que son rôle consiste à l'épauler et à le guider, tout en le laissant parallèlement assumer ses responsabilités, voire assumer son incohérence.

Cecilia a confiance en son fils et s'appuie sur les valeurs qu'elle lui a transmises et qu'elle a déjà pu observer dans son attitude. Sa tâche est de rester vigilante pour veiller à ce que Stéphane ne parte pas à la dérive, tout en gardant un juste équilibre entre ce qu'elle peut exiger de lui et ce qu'il est raisonnable de laisser passer, compte tenu du fait qu'il est un jeune adulte. Sa responsabilité à elle, lui semble-t-il, est d'aider son fils à trouver les moyens de satisfaire ses ambitions. Mais elle ne doit pas le faire à sa place. Elle doit éviter qu'il ne se fasse trop mal, mais certainement pas l'empêcher de tomber. Tout cela lui demande d'accepter aussi l'éventualité que Stéphane prenne une route qui ne lui conviendra pas, à elle.

Quelques années auparavant, elle aurait été beaucoup plus interventionniste, plus exigeante, avec des propos tels que : « Tu dois absolument t'inscrire quelque part parce que tu ne peux pas rester sans rien faire. On ne fait rien dans la vie, sans diplômes. »

Elle lui aurait fait des reproches : « C'est ta faute si tu as raté tes examens ! Tu n'avais pas assez travaillé ! » Maintenant, elle peut rester un pas en arrière, vigilante, alerte, certes, mais pas intrusive. Ferme sur le fond, souple sur la forme.

Cecilia a conscience que, pour l'instant, elle ne peut rien faire de plus. Bien sûr, elle se demande comment elle réagira si Stéphane reste passif et ne met rien de concret en place. Puis elle se dit que ça ne sert à rien de se poser la question pour le moment, puisque cette éventualité ne se produira peut-être pas. Un problème vécu à l'avance est un problème vécu deux fois : à l'avance et quand il survient.

À la date fixée, Stéphane et Cecilia font le point. Son fils lui raconte qu'il a trouvé sa voie grâce à un ami qui lui a fait vivre la musique, tous les soirs, en l'amenant à des concerts de jazz. Il s'est remis en question, a douté, s'est comparé aux autres musiciens, s'est trouvé nul, puis a repris confiance. Il confirme son choix de carrière et prend conscience que, s'il veut y arriver, il doit se donner les moyens de ses ambitions.

En quelques jours à peine, Stéphane est revenu vers sa mère avec une proposition claire, tous renseignements pris, la passion plein les yeux, porté par une joie vibrante. Il veut s'inscrire dans une autre école supérieure pour continuer des études de musique. Il a compris que, s'il veut réussir, il faut qu'il travaille dur, beaucoup plus dur que jusqu'alors, qu'il s'organise, qu'il planifie et s'implique davantage. Il a réalisé aussi qu'il a intérêt à s'ouvrir au jazz ou à la musique classique afin d'acquérir un bagage de base, ce qui entraîne par conséquent de nouvelles décisions pour lui, une nouvelle organisation de son emploi du temps, une autre implication. Il a pris conscience qu'être musicien va lui demander beaucoup de volonté et de travail.

En restant à sa place, attentive mais pas alarmiste, responsable mais pas interventionniste, en ne réagissant pas de façon excessive, Cecilia a non seulement laissé son fils vivre une expérience, mais elle a pu poursuivre son objectif de parent qui met l'accent sur l'autonomie et la réalisation de soi. Sa valeur de responsabilité, primordiale à ses yeux, s'est déployée dans la capacité que son fils a eue de trouver, seul, une issue positive à un échec. Cela a demandé à Cecilia de pouvoir accepter que les choses ne se passent pas comme elle l'avait prévu et d'avoir la faculté de traverser calmement une indécision temporaire.

De loin, on aurait pu la considérer comme une mère laxiste, prête à tout accepter de son fils. De près, on constate que la compréhension ne se confond pas avec la permissivité ni avec la mollesse. Être en mode préfrontal, c'est assumer ce que l'on fait, en son âme et conscience, avec sérénité, tout en sachant que l'on fait du mieux que l'on peut, mais que tout ne dépend pas de nous.

Aujourd'hui, Stéphane se donne à fond dans l'objectif qu'il s'est fixé et dans sa passion : faire de la musique et vivre de ce métier. Il est heureux, chaque jour qui passe, du choix qu'il a fait et qu'il assume. Qui sait, peut-être un jour fredonnerons-nous un de ses airs…

ÊTRE « ADAPTATIF », ÇA S'APPREND

La prise de recul que nous venons de décrire est plus facile à raconter qu'à mettre en place. Elle requiert en effet la discipline de nager à contre-courant, d'affronter ses propres peurs et de pouvoir les définir (dans le cas de Cecilia, la peur de l'échec et de la passivité). Bien que notre système « adaptation et innovation » soit conçu pour gérer l'inconnu et le complexe, nous avons, nous, humains, une résistance naturelle au changement. Tout ce qui peut représenter, de près ou de loin, une source de déplaisir nous fait d'abord résister. Nous sommes spontanément accrochés à nos valeurs et, surtout, farouchement allergiques à nos antivaleurs. Nous déployons une vigoureuse énergie à nous préserver, bec et ongles, de ce que nous n'aimons pas. Cela nous détourne de la nuance et nous enferme dans des attitudes stéréotypées, peu adaptées aux événements que nous vivons.

Or, personne n'est « adaptatif » de façon innée ni ne l'est toujours. Ça s'apprend. Ça se pratique. Ça s'encourage. Ça s'entretient. Plus nous apprenons à prendre du recul et à relativiser, plus nous augmentons notre capacité à traverser avec sérénité les situations de crise, à rebondir dans la complexité et, au final, à incarner les guides que nous devrions être pour nos enfants.

Une des recettes : ne pas chercher la satisfaction immédiate du désir. Si nos automatismes nous incitent à être dans un présent immédiat, exigeants, empreints d'une impatience bornée, le système préfrontal, lui, voit loin : il peut choisir la non-satisfaction immédiate d'un désir, car il place l'atteinte d'un objectif dans le futur.

Changez de lunettes, osez l'humour

Qu'est-ce qui, pour vous, relève de l'exigence dans l'éducation de vos enfants ? Cherchez du côté de vos attentes non négociables... Quand vous aurez trouvé la réponse, demandez-vous quels moyens vous vous donnez pour y parvenir.

Pour changer l'état d'esprit automatique qui nous met sous tension et ne prédispose pas à l'ouverture, un petit exercice tout simple consiste à changer de perspective, c'est-à-dire à envisager une autre représentation de la réalité que celle que nous avons. Cet exercice est d'autant plus intéressant que la réalité que nous embrassons pour l'instant nous stresse.

Les bouddhistes racontent que les pensées sont comme les nuages : de la vapeur d'eau qui bouge et qui passe. Si une pensée génère un mal-être, pourquoi la garder ? Si une pensée nous fait du mal, pourquoi continuer à nous torturer ? Cette métaphore nous invite à voir les choses sous un autre angle, à élargir notre vision du monde, ce qui n'équivaut pas à abandonner nos valeurs. Quand ça coince, osez l'humour et dédramatisez. Les sujets sur lesquels nous n'avons pas d'humour sont les sujets sur lesquels nous sommes stressables. Ce petit grain de folie nous aide à bousculer notre état d'esprit. L'adage populaire ne dit-il pas qu'il n'y a que les imbéciles qui ne changent pas d'avis ?

Exercice 15

Changez de lunettes, changez de perspective

La gymnastique mentale suivante consiste à troquer une pensée qui nous fait du tort contre une pensée qui nous apaise. Voyons les choses d'un regard nouveau :

- Imaginons que Cecilia soit Madonna. Elle pourrait voir la situation comme suit : « *Yes !* Mon fils veut être une *rock star*. La continuité est assurée. »
- Et si Cecilia était une surfeuse basque, qui attend tranquillement la vague : « La musique, c'est trop *cool*. Vagues, océan, plage et musique : le paradis ! Mon fils a tout compris. »
- Si elle était Prix Nobel de la paix : « La musique adoucit les mœurs. Vivre de sa passion est porteur de paix et de sérénité. »
- Si elle était coiffeuse en Angleterre : « *Rock star ?* Hum, hum. *Interesting !* Je vais pouvoir tester des coiffures *trendy*. »

À votre tour, imaginez un personnage, farfelu ou inspirant, qui vous est sympathique et qui soit de préférence loin de votre réalité quotidienne. Qu'il existe vraiment ou pas n'a aucune importance : choisissez un personnage qui vous aide à vous distancier de la situation. À défaut d'inspiration, vous pouvez piocher dans cette liste :

- Une pianiste aveugle
- Zorro
- Un Inuit amoureux
- Tintin

Exercice 15 (suite)

- Une religieuse latino-américaine qui danse la salsa
- Un Shadok
- Nelson Mandela
- Einstein en maillot de bain
- Un membre de votre famille

Replongez-vous dans la situation qui vous pose problème. Notez, mentalement ou sur une feuille, vos réponses aux questions suivantes :

- Qu'est-ce que le personnage que vous avez choisi en penserait ?
- Que vous dirait-il ?
- Comment agirait-il ?

Un petit truc : pour faire cet exercice, vous devez recruter la partie préfrontale de votre cerveau. Soyez curieux, imaginez tout et son contraire. Réfléchissez autrement. L'idée n'est pas de trouver des réponses crédibles, mais de changer votre état d'esprit pour voir votre situation d'un autre œil. La situation n'aura pas changé (et ce n'est pas le but de l'exercice), mais la façon dont vous la regardez, oui.

En bref: Exigence contre ambition

Une exigence est une contrainte, une nécessité ou une obligation que nous nous sommes fixée et qui relève de la demande «terroriste» (mais qui est le terroriste dans l'histoire?). Elle représente la somme des *«il faut»*, *«je dois»*, qui nous font grincer des dents et qui favorisent une attitude très automatique. Quand nous agissons de la sorte, sous la gouvernance de notre système automatique, nous sommes insistants, peu réalistes, plutôt stressables et bourrés d'attentes.

Plus nuancée que l'exigence, l'ambition est une démarche vers un objectif ou une aspiration: c'est un projet qui tient compte de l'ensemble des circonstances et de toutes les occasions qui se présentent. Elle relève de notre intelligence adaptative et nous permet d'analyser notre visée avec clairvoyance. Car notre système préfrontal nous permet d'être ambitieux, lucides et proactifs.

Quand tensions, irritations ou démoralisation sont de la partie, il est utile de vérifier si nous n'avons pas mis la barre trop haut. Sommes-nous coincés dans des exigences qui nous dépassent? La somme des *«il faut»* et des *«je dois»* est-elle trop contraignante? À quoi refusons-nous de renoncer?

Si viser haut et loin est ambitieux, ne pas tenir compte de toute la réalité et des facteurs de risque peut être dangereux et/ou irréaliste. Basculer d'une exigence vers une ambition, c'est accepter toute la réalité, y compris la possibilité de ne pas atteindre notre objectif. Cela a pour conséquence d'accroître les moyens que nous nous donnons pour augmenter nos chances d'y arriver.

Cela nous mène aussi à un plus grand bien-être et à une endurance plus soutenue.

CHAPITRE 9
Le formidable pouvoir de la neuroplasticité

Le travail de la pensée ressemble au forage d'un puits : l'eau est trouble d'abord, puis elle se clarifie.

PROVERBE CHINOIS

De tout temps, la sagesse ancestrale nous a enseigné les vertus d'un état d'esprit ouvert au changement. Nous ne vous apprenons rien de nouveau. Ce que les spectaculaires avancées technologiques de ces dernières années viennent confirmer, c'est que notre cerveau change sans arrêt, qu'il se reconfigure constamment pour devenir différent de ce qu'il était l'instant d'avant. L'état d'esprit dans lequel nous sommes contribue à un changement de la structure biologique de notre cerveau. À force de faire autrement - même les petites choses qui peuvent paraître insignifiantes -, il se façonne différemment, intégrant certaines données, renonçant à d'autres.

C'est ce que l'on appelle communément la *neuroplasticité,* soit « l'ensemble des manifestations qui traduisent la capacité des neurones à se modifier tout au long de l'existence[47] », ou les

47. Voir le site www.neuroplasticite.com.

« mécanismes par lesquels le cerveau est capable de se modifier par l'expérience[48] ». Pour illustrer cette neuroplasticité, citons en exemple le cas des pianistes chez qui on observe un épaississement des zones du cortex spécialisées dans la motricité des doigts et dans l'audition. Quel bonheur de savoir que, durant notre vie entière, notre cerveau va créer de nouvelles connexions neuronales qui vont évoluer sans cesse ! N'est-ce pas prometteur d'une éternelle jeunesse d'esprit ?

LA GYMNASTIQUE CÉRÉBRALE

S'initier à gérer son état d'esprit, c'est s'entraîner à faire de la *gymnastique cérébrale* pour rester souple, détendu et capable d'adaptation. Mais ça ne vient pas tout seul. Il faut y mettre un peu du sien. Pour que nos neurones restent performants, ils ont besoin d'exercices réguliers.

Faisons un parallèle avec le corps. Si nous cessons de faire du sport à la fin de notre adolescence, il y a fort à parier que la mécanique sera rouillée quand nous aurons 50 ans - ou même avant. Comme notre corps se rigidifie naturellement avec le temps, il nous sera de plus en plus pénible de nous asseoir en tailleur, de nous plier en deux, de lever haut la jambe ou de danser un bon vieux rock... Il s'agit là du processus naturel de vieillissement. Quand on arrête de faire de l'exercice, on se recroqueville, on se rabougrit... Mais ce n'est pas une fatalité.

En effet, si nous continuons à bouger et à faire de l'exercice, nous deviendrons de dynamiques quinquagénaires toniques et flexibles. Rester actif permet de conserver sa souplesse et de garder son élan. Regardons autour de nous les personnes qui pratiquent assidûment une activité physique, quel que soit leur âge. Inspirant, non ?

48. Définition de la plasticité neuronale tirée de www.wikipedia.org/wiki/Plasticité.

Il en va de même pour le mental. En exerçant régulièrement notre cerveau à penser autrement, nous élargissons notre champ de vision ; en apprenant à prendre du recul, nous apprenons à relativiser, nous dédramatisons, nous remettons en cause nos certitudes et, petit à petit, cette façon de penser devient plus spontanément naturelle. Notre souplesse d'esprit nous rend adaptables, grâce à quoi nous pouvons rebondir dans des situations complexes – par exemple élever des enfants. Certaines régions du cerveau génèrent de nouveaux neurones tout au long de la vie[49].

De nombreuses études neuroscientifiques récentes apportent la preuve que notre cerveau se façonne en fonction de nos expériences et de l'entraînement que nous lui faisons subir, allant jusqu'à modifier sa physiologie. Lynne McTaggart, porte-parole internationalement reconnue de la nouvelle physique et de la science de la spiritualité, nous explique que les résultats obtenus, notamment par les études de Richard J. Davidson, « apportent la preuve que la théorie selon laquelle le cerveau est pleinement développé dès l'adolescence est dépassée. Celui-ci semble plutôt en constante évolution tout au long de la vie, en fonction de la nature de nos pensées. Certaines pensées soutenues produisent des différences physiques mesurables et modifient sa structure. La forme s'adapte à la fonction – la conscience contribue à façonner le cerveau[50] ».

Rita Levi-Montalcini, une neurobiologiste italienne décédée en décembre 2012 à l'âge de 103 ans, a obtenu le prix Nobel de physiologie en 1986. Elle est à ce jour la lauréate qui, de tous les récipiendaires du prix Nobel, a vécu le plus longtemps. Lors d'un entretien qu'elle a accordé en décembre 2005,

49. Lire « Votre cerveau en 100 questions insolites », *National Geographic,* hors série « Sciences » n° 3, septembre 2013.
50. Lynne McTaggart, *The Intention Experiment,* New York, Simon & Schuster, 2007.

elle a donné les réponses suivantes au journaliste qui l'a interviewée[51] :

« Comment fonctionne votre cerveau ?

– Exactement comme à 20 ans. Je ne note aucune différence dans mes désirs ni dans mes capacités. Demain, je participerai à un congrès médical.

– Mais n'y a-t-il pas quelque limite génétique ?

– Non. Mon cerveau a plus d'un siècle… mais il ne connaît pas la sénilité. Mon corps se ride, c'est inévitable, mais pas le cerveau.

– Comment l'expliquer ?

– Nous jouissons d'une grande plasticité neuronale : même si des neurones meurent, ceux qui restent se réorganisent afin de maintenir les mêmes fonctions. Encore faut-il les stimuler.

– Comment faire ?

– Maintenez des désirs, activez votre cerveau, faites-le fonctionner, ainsi il ne dégénérera jamais.

– Et je vivrai plus longtemps ?

– Vous vivrez mieux les années que vous aurez à vivre. Le secret, c'est de demeurer curieux, engagé et d'avoir des passions. »

Les territoires que nous sollicitons le plus sont ceux que nous développons le plus. Quelle magnifique nouvelle !

Nous sommes ainsi en partie créateurs de notre façon de penser le monde et de notre relation aux autres. Ce qui veut dire aussi que l'action que nous exerçons sur notre cerveau est à double tranchant. Quand nous adoptons des attitudes fermées, nous risquons d'accroître notre rigidité. La fermeture engendre davantage de fermeture. Nous devenons les comportements et les pensées que nous entretenons.

La violence et la perception qu'en ont les enfants sont un bel exemple de cela. En montrant à nos enfants, de façon récurrente,

51. Pour lire l'intégralité de cette entrevue : http://clairemarie.blog.24heures.ch/archive/2009/02/23/rita-levi-montalcini.html.

des films, des images, des exemples ou des jeux violents, nous stimulons les connexions neuronales qui suscitent l'agressivité. Pour préparer nos jeunes à répondre sereinement à la violence, mieux vaut leur montrer un modèle empreint de conciliation et de respect mutuel, et leur apprendre à réfléchir pour répondre de façon adaptée et intelligente à la brutalité. Mais cela consiste aussi à leur apprendre que la violence est une des réalités du monde et qu'elle fait partie intégrante de la vie.

Un des rôles primordiaux de l'éducation est de veiller à ce que tous les registres soient présents. Faites faire des arts martiaux aux tendres et de la danse classique ou du piano aux agressifs. « Un individu équilibré est un individu qui est libre de faire une chose et son contraire. Un individu qui fait des choix[52]. »

Si notre mission de parents est de tirer les générations suivantes vers plus de conscience et plus d'autogestion de leurs propres comportements, nous pouvons montrer la route en agissant avec magnanimité et ouverture d'esprit. Il est peut-être illusoire de croire que nos enfants sauront être sereins en toutes circonstances, mais imaginez la différence entre un jeune qui se met en colère et le fait violemment subir à son entourage et un autre qui en prend conscience et apprend à dire : « Je vais faire un tour parce que ça m'énerve. Je reviendrai quand je serai calmé. »

S'ENTRAÎNER À LA SOUPLESSE D'ESPRIT

Pour rester jeunes, restons en vie ! Osons remettre en question nos certitudes, osons changer de décor, pousser les portes, explorer les espaces. Nous pouvons décider, comme Rita Levi-Montalcini, d'avoir l'âge de nos artères ou l'âge de nos neurones. Bousculons nos blocages ! Le cerveau s'atrophie quand on arrête de s'en servir. Se figer, c'est mourir un peu…

52. Jacques Fradin, séminaire sur la gestion des modes mentaux, Vichy 2010.

Le jeune enfant est curieux, touche-à-tout ; il explore, innove, découvre ; il se projette dans un futur incertain sans écrire à l'avance ce qui ne se passera peut-être jamais. Le vieillard, lui, va puiser dans son passé ce qui pourrait lui permettre de décoder les moments présents ou ceux à venir. Il s'ancre dans ses habitudes, se fige dans la reproduction de ce qu'il connaît déjà ; il renforce ses protections et se dit qu'il est trop vieux pour changer. Quel dommage ! Car si vieillir est souvent source du savoir, quel gâchis d'arrêter de devenir ! À trop vouloir se préserver de l'inconnu, nous risquons de nous scléroser dans des tours d'ivoire.

Et si nous voyagions léger et jetions l'excédent de convictions qui nous enferment dans des comportements sans nuances ? Si nous entretenions la fraîcheur de la jeunesse qui découvre ce qui l'entoure avec la simplicité de la première fois ? Et si nous y alliions la sagesse de la maturité, qui ne réinvente pas la roue quand ce n'est pas nécessaire ?

Sachons garder de nos expériences la richesse de leur enseignement et vivre chaque jour comme si c'était le premier.

De l'exercice et encore de l'exercice

L'exercice reste donc le meilleur chemin vers la facilité. Le moine bouddhiste Matthieu Ricard nous en fait l'éloge en soulignant que « quand on fait bien quelque chose, avec aisance, c'est toujours le résultat d'un entraînement. Les premières fois, on est souvent tendu ou maladroit et ça nous fatigue vite [...]. Comme on apprend à faire du vélo, on peut apprendre à être heureux et surtout, on peut s'entraîner à l'être de plus en plus ! Tout le monde ne peut pas devenir champion de vélo. Mais tout le monde possède le potentiel de faire des progrès immenses, à vélo ou dans le domaine du bonheur[53] ».

53. Conférence sur le bonheur donnée au Centre des sciences de Montréal, en septembre 2011.

Vous rappelez-vous vos premiers essais à bicyclette ? Avez-vous réussi à sprinter avec la dextérité d'un Eddy Merckx dès les premières fois ? Il en va de même pour notre souplesse d'esprit et la sérénité qui en découle. Les premières fois sont souvent synonymes de gaucherie, et puis, à force de s'entraîner, on apprend à prendre du recul et à garder son calme... du moins plus souvent.

Chercher à voir le bon côté des choses

Nous avons tendance à mémoriser davantage les expériences négatives que les expériences positives. Pourquoi ? Tout simplement parce qu'accumuler des expériences positives n'est pas une garantie d'immunité contre un danger de mort. Nous pouvons vivre un certain nombre de fois une expérience qui se termine d'une manière positive, mais si une seule fois son issue est négative, elle peut signifier la mort. Nous pouvons, par exemple, prendre 1 000 fois le volant de notre voiture et arriver à bon port sain et sauf, cela ne nous prémunit pas d'un éventuel accident la 1 001e fois. Sur la route, il suffit d'une seule seconde d'inattention pour mettre notre vie en danger. Dans la même logique, nous pouvons faire confiance à notre enfant sur le fait qu'il est en train d'étudier dans sa chambre. Si nous le surprenons une fois à jouer, nous risquons de ne plus lui faire confiance.

Donc, afin d'augmenter nos chances de survie, notre cerveau accorde plus d'importance au négatif qu'au positif. Conclusion : si nous ne faisons rien, nous deviendrons de plus en plus craintifs face à l'inconnu, de plus en plus automatiquement récalcitrants, de plus en plus frileux vis-à-vis du changement, de plus en plus réfractaires à la nouveauté. Nous pouvons contrebalancer ce mécanisme naturel en nous efforçant d'aller chercher le bon côté des choses. Le but n'est pas de devenir naïvement idéalistes, mais de faire émerger le positif de toute situation pour en avoir une vue plus globale. La terre est une sphère dont une partie est exposée au soleil, tandis que l'autre se trouve dans l'ombre. Avoir une vision complète, c'est tenir compte de ces deux réalités, souvent opposées. Ce qui n'est pas naturellement facile puisque nous voyons toujours les choses depuis notre propre point de vue. Entraînons-nous à cette gymnastique qui consiste à regarder aussi les événements par le bout positif de la lorgnette.

Le pouvoir des émotions positives

Barbara L. Fredrickson[54] est professeur de psychologie et dirige le laboratoire de psychophysiologie de l'Université de Chapel Hill en Caroline du Nord. Ses recherches révèlent comment les émotions positives influencent favorablement et de manière durable le corps, les pensées et les comportements humains. Ses observations montrent que si nos émotions négatives nous procurent un sentiment de mal-être, qu'elles érodent notre bonne volonté et détériorent nos relations avec nos enfants, elles créent aussi un rétrécissement de notre champ d'action. On voit « l'arbre qui tombe mais pas la forêt qui pousse ».

En plus d'être porteuses de joie et de créativité, nos émotions positives modélisent notre santé et notre bien-être. Elles élargissent notre champ d'action et les idées que nous pourrions avoir sur les comportements à adopter. On voit « la forêt qui pousse et pas seulement l'arbre qui tombe ». Les émotions positives augmentent notre résilience, c'est-à-dire notre capacité à rebondir dans l'adversité. Elles nous permettent d'accu-

54. Barbara Fredrickson a été récompensée à plusieurs reprises pour ses travaux et ses contributions à la psychologie positive et à l'évolution de l'enseignement, notamment par l'American Psychological Association Templeton Prize. Elle a publié récemment un livre, intitulé *Positivity*, aux Éditions Crown Archetype, dans lequel elle relate les découvertes récentes qui corroborent la puissance de cet état d'esprit positif ainsi que ses effets sur notre santé et notre bien-être.

muler des expériences qui deviennent autant de ressources nouvelles durables, que nous utilisons pour faire face à l'adversité. Elles amplifient nos ressources physiques, intellectuelles et sociales. Elles pourraient également entraîner, lorsque leur présence est suffisante, une hausse significative de la durée de vie[55].

En expérimentant un ratio de trois émotions positives pour une émotion négative, il est possible d'améliorer significativement, et de manière très simple, notre état d'esprit et, de là, nos relations et notre santé. Il s'agit de contrebalancer la lourdeur des vécus négatifs par la légèreté des ressentis positifs : expérimenter la joie, la satisfaction, la volupté, le rire, la félicité. Apprendre à trouver un sens positif aux aléas de la vie, c'est superposer un film en couleurs au scénario en noir et blanc !

PRENDRE CONSCIENCE, PUIS ALLER DE L'AVANT

« Bon, maintenant que j'ai compris comment ça marche, les choses vont changer ! Je vais être en mode préfrontal ! C'est décidé ! »

Voilà le type de pensée qui suit naturellement le « eurêka ! ». Mais sans passage à l'action, c'est rarement ce qui arrive... L'évolution, la transformation sont des attitudes actives qui nous impliquent et nous demandent du palpable et... du courage. Si la lecture d'un livre est une première étape vers la connaissance, la deuxième consiste à passer à l'action, à faire un pas concret. Les théories seules restent des théories qui n'ont que peu d'impact sur les faits ou les comportements.

---

55. Une étude scientifique, communément appelée « The Nun Study » et entreprise en 1986 par l'équipe du Dr David Snowdon, a montré un allongement de 10 années de vie imputable aux émotions positives. David Snowdon, Ph.D., *Aging with Grace : What the Nun Study Teaches Us About Leading Longer, Healthier, and More Meaningful Lives*, New York, Bantam Books, 2001.

Les récits que nous vous avons relatés ont tous un point en commun : celui d'avoir comme acteur un homme ou une femme, qui, à un moment donné, a décidé d'agir autrement. Ces hommes et ces femmes ont décidé de changer leur façon de faire, qui conduisait à une insatisfaction, pour essayer une autre voie, source de mieux-être. Si des choses ont évolué dans leur vie ou dans leurs relations, c'est parce qu'ils se sont donné les moyens pour qu'elles changent. Ils ont appris à basculer d'un état d'esprit à l'autre, à mobiliser la partie la plus intelligente de leur cerveau. Ils se sont entraînés à garder leur sang-froid, à améliorer leur capacité à passer d'une vision du monde à une autre. Ça n'a pas toujours marché, mais, globalement, ils sont devenus plus souples, plus cohérents et plus ouverts.

Sachez toutefois que la tolérance, la conscience et la gentillesse que vous aurez vis-à-vis de vous-même, lorsque vous ne serez pas capable de prendre du recul dans des situations tendues, seront, à long terme, beaucoup plus constructives que tout jugement sur votre incapacité à le faire. En effet, le diktat que nous nous imposons parfois en voulant être efficaces ou « parfaits », coûte que coûte, va à l'inverse du but recherché.

Soyons indulgents envers nous-mêmes[56] : la prise de conscience de nos propres limites marque déjà le début d'un changement. Le temps et la répétition de nouveaux comportements sont de précieux alliés qui scelleront de nouvelles habitudes. Si vous ne vous êtes jamais trompé, c'est que vous n'avez pas vécu. Et puis, soyons un tantinet lucides – ou modestes. On ne fait pas toujours du premier coup tout ce que l'on veut avec son cerveau !

Passer de juge à observateur

Comme étape clé de ce changement, nous vous invitons à partir à la découverte de l'autre avec des yeux neufs et à troquer

56. Ce qui ne veut pas dire « complaisants ».

le regard qui juge contre le regard qui observe. Plutôt que de chercher à prouver à l'autre que l'on a raison et qu'il a tort, et de s'accrocher à ses certitudes, prendre le risque de regarder l'autre tel qu'il est : « Qui es-tu ? Comment fonctionnes-tu ? Qu'aimes-tu ? Que détestes-tu ? Que cherches-tu à me dire ? Comment puis-je entrer en communication avec toi ? En quoi es-tu différent de moi ? »

Quand nous nous dispensons de porter des jugements qui accusent, tombent comme des couperets et ont pour conséquence de créer plus d'injustice, c'est un peu d'humanité que nous mettons dans nos relations. Nous pouvons éviter de restreindre nos enfants ou notre conjoint à l'une de leurs attitudes passagères, car chaque humain est bien plus vaste que les états qui le traversent. Même dans nos accès de colère, d'inquiétude ou de désespoir, nous continuons à incarner toutes nos qualités, toutes nos valeurs, toutes nos aspirations. « De même, toi, l'homme qui juge, tu n'as aucune excuse, qui que tu sois : quand tu juges les autres, tu te condamnes toi-même car tu fais comme eux, toi qui juges[57]. »

Se construire un monde plus serein

Être en mode préfrontal et prendre du recul, c'est participer activement à la construction d'un monde plus serein. Plus humain. Plus lucide. Plus nuancé. En adoptant une attitude qui se veut impliquée et observatrice à la fois, nous exprimons notre talent à jongler avec la complexité, source de vie et d'évolution.

Cette complexité s'exprime pleinement dans notre relation parent-enfant, car en aimant, c'est tout notre être qui se penche vers l'autre et s'engage au-delà du raisonnable. Ce lien qui nous enserre et participe au renforcement de notre amour est aussi l'entrave qui nous enferme, souvent, dans une obligation de

57. La Bible, Épître de saint Paul aux Romains, chapitre 2, verset 1.

résultat. Il nous fait voir les choses sous le biais d'une « urgence », réductrice et simplificatrice. S'il est bien légitime, dans certains cas, d'être envahis par des émotions fortes qui nous dépassent et d'avoir un peu plus de mal à les gérer, ne nous blâmons pas d'aimer et de nous enflammer. Sachons juste que nous en perdons un peu de notre discernement…

Ayons la vigilance de ne pas oublier que l'amour qui nous fait mettre au monde un petit d'homme peut devenir l'étau qui l'emprisonne. Aimer, c'est aussi apprendre à quitter. Grandir, c'est apprendre à renoncer.

L'être humain est complexe. Très complexe. D'autant plus que nous ne cessons d'évoluer, de changer, de nous transformer. Notre personnalité s'accomplit, s'agrandit ou se rétrécit, jour après jour, façonnée au gré de nos expériences, de nos traumatismes et de nos joies, rebondissant entre acquis et automatismes.

Quel que soit le contexte dans lequel nous nous trouvons, qu'il soit permissif ou contraignant, libertaire ou rigide, il est quelque chose que personne ne peut nous retirer. C'est notre libre arbitre : cette faculté de choisir d'aller plus à droite, plus à gauche, plus au centre ou nulle part.

Cette caractéristique, si humaine, fait que, quoi qu'il se passe, nous sommes porteurs de ce qu'il y a de mieux.

En bref: Activer la puissance du cerveau

Durant notre vie entière, notre cerveau va se reconfigurer et créer de nouvelles connexions neuronales: il est conçu pour évoluer, pour apprendre, pour changer.

Par la pratique, n'importe qui peut s'entraîner à activer la puissance de son cerveau.

Chacun de nous peut mettre en veilleuse ce sentiment exacerbé de soi qui lui fait vouloir prouver que sa vérité est la seule qui compte.

La science démontre aujourd'hui que nos états d'âme positifs facilitent la cohérence de nos relations et l'accès au bonheur.

Voici donc une liste de sentiments et d'états positifs.

À vous de jouer!

Admiration
Aise
Allégresse
Amour
Béatitude
Bénédiction
Bien-être
Bonheur
Calme
Compassion
Compréhension
Confiance
Confort
Contentement
Curiosité
Délice
Douceur
Empathie
Enchantement
Encouragement
Énergie
Enthousiasme
Épanouissement
Espoir
Étonnement
Euphorie
Exaltation
Excitation
Extase
Félicité
Fierté
Gaieté
Gratitude
Griserie
Hilarité
Inspiration
Intelligence
Intérêt
Ivresse
Joie
Jouissance
Jubilation
Libération
Optimisme
Passion
Plaisir
Ravissement
Réconfort
Reconnaissance
Rire
Saine vision de soi
Satisfaction
Sérénité
Sourire
Surprise
Sympathie
Tendresse
Volupté

Remerciements

Nous tenons à remercier tout particulièrement Jacques Fradin, qui nous a inspirées, et Pierre Moorkens, qui nous a ouvert de nombreuses portes.

Merci à Émilie Mongrain et à Laurence Hurtel, des Éditions de l'Homme, qui nous ont fait confiance et qui nous ont soutenues avec leur humour décapant.

Merci à Thomas, Tatiana, Nikita et Zoé, nos enfants, source constante d'inspiration, de partages, de changements et d'amour. Merci aussi à nos beaux-enfants et à tous les enfants qui nous sont proches ou moins proches, jeunes et moins jeunes, d'hier, d'aujourd'hui ou de demain, qui nous déroutent parfois et nous guident vers nos plus belles découvertes : ils sont porteurs de tous nos espoirs.

Nous remercions nos familles, pères, mères, frères et sœurs, premiers laboratoires de nos expériences, nos premiers supporters et cobayes ; -). Merci à Frederik pour ses encouragements, son éternel optimisme et sa légèreté inspirante ; à Luc Leloup, pour sa patience infinie.

Merci également à Gilles Moreau, à Stéphanie Lemadec et à Patrick Collignon, pour la qualité de leurs conseils, leur expertise et la précision de leurs propos ; à Diane Thibaut de Maisières, à Caroline Waucquez, à Sara Hoxe et à Vera Rossel, pour leur soutien et la minutie de leurs annotations ; à Thierry

Verdoodt et à Régine Chabotiez pour leurs échanges et leur expertise.

Nous remercions nos amis et les très nombreux parents qui ont contribué à cet ouvrage par leurs témoignages et leurs expériences personnelles. Ils nous ont fait confiance tout au long de cette route.

Merci enfin à tous les lecteurs et relecteurs de ce manuscrit ; leurs encouragements, leurs critiques et leurs annotations nous ont permis d'aller chaque fois un pas plus loin.

Pour en savoir plus

Les centres qui vous permettront de trouver davantage d'information sur l'Approche neurocognitive et comportementale:

L'Institut de médecine environnementale (IME), créé et dirigé par Jacques Fradin, qui poursuit une double vocation. La première concerne la recherche en « médecine des modes de vie » (médecine environnementale), interdisciplinaire par essence, qui touche des domaines aussi variés que le comportement, l'alimentation, l'habitat, la santé au travail ou encore l'environnement. La seconde réalise un transfert des compétences de nombreuses ressources encore peu exploitées, comme les neurosciences, en direction des acteurs de la santé mais aussi, et tout autant, de la vie économique, institutionnelle et sociale, ou encore du grand public. www.ime.fr

Prefrontality, une association qui propose des stages courts et des ateliers de développement personnel accessibles à tous, basés sur les connaissances les plus récentes en neurosciences. C'est l'Approche neurocognitive et comportementale au service de tous. www.prefrontality.be

Spirit of Change, organisme codirigé par Brigitte Durruty, qui vous accompagne dans toutes les phases du changement au moyen, notamment, de coaching, de formations ou de voyages. www.spiritofchange.biz

Bluemind, les neurosciences au service de la santé. Actif principalement dans le monde hospitalier, Bluemind apporte une approche innovante en gestion des ressources humaines. www.bluemind.eu

Learntobe, une fondation d'utilité publique créée par Pierre Moorkens, qui soutient et forme les acteurs de terrain dont l'action a un impact social et sociétal concret. L'éducation est l'axe sur lequel la fondation a choisi d'intervenir en priorité. www.learntobe.be

ET D'AUTRES SITES INSPIRANTS...

Le Mind and Life Institute : www.mindandlife.org
Le cerveau à tous les niveaux : www.lecerveau.mcgill.ca
La plasticité du cerveau : www.neuroplasticite.com

LIENS DE DIFFÉRENTES ÉTUDES RÉALISÉES SUR L'IMPACT DU STRESS

www.estime-stress.com
www.stress-info.org
www.stresshumain.ca

Bibliographie

ALLÈGRE, Claude. *La science est le défi du XXIe siècle*, Paris, Plon, 2009.

ANDRÉ, Christophe, Thomas d'ANSEMBOURG, Isabelle FILLIOZAT, Éric LAMBIN, Jacques LECOMTE et Matthieu RICARD. *Psychologie positive : le bonheur dans tous ses états*, Paris, Jouvence, 2011.

BALTER, Michael. « Brain Evolution Studies Go Micro », *Science*, nº 315, p. 1208-1211, New York, 2007.

BANDURA, Albert. *Social Foundations of Thought and Action : A Social Cognitive Theory*, Prentice – Hall, 1986.

BAUREIS, Helga et Claudia WAGENMANN. *Les enfants apprennent mieux avec la kinésiologie*, France, Le Souffle d'Or, 2006.

BOIRON, Christian. *La source du bonheur*, Paris, Albin Michel, 2000.

BOLTE TAYLOR, Jill. *My Stroke of Insight, a Brain Scientist's Personal Journey*, Viking, 2008 ; traduction française par Marie Boudewyn, *Voyage au-delà de mon cerveau*, Paris, Jean-Claude Lattès, 2008.

CHANGEUX, Jean Pierre. *L'homme neuronal*, Paris, Fayard, 1983.

CHOPRA, Deepak. *Cheminer vers la sagesse*, Paris, Presses du Châtelet, 2006.

CHOPRA, Deepak. *Seven Spiritual Laws of Success,* New York, New World Library, Amber-Allen Publishing, 1994 ; traduction française : *Les sept lois spirituelles du succès : demandez le bonheur et vous le recevrez,* Monaco, Éditions du Rocher, 1995.

COLLIGNON, Patrick et Jean-Louis PRATA. *Votre profil face au stress : comment les neurosciences font du stress votre allié,* Paris, Eyrolles, 2012.

CYRULNIK, Boris. *De chair et d'âme,* Paris, Odile Jacob, 2006.

CYRULNIK, Boris. *Les nourritures affectives,* Paris, Odile Jacob, 2000.

DALAÏ-LAMA et Howard CUTLER. *L'art du bonheur,* Paris, J'ai Lu, 2000.

DAMASIO, Antonio. *Le sentiment même de soi : corps, émotions, conscience,* Paris, Odile Jacob, 1999.

DAMASIO, Antonio. *L'erreur de Descartes,* Paris, Odile Jacob, 2006.

DAVIDSON, Richard J. *The Emotional Life of Your Brain : How Its Unique Patterns Affect the Way You Think, Feel, and Live – and How You Can Change Them,* Plume, 2012.

DEL MARMOL, Guibert. *Tomber plus haut,* Éditions Alphée, 2009.

DOLTO, Françoise. *Tout est langage,* Paris, Gallimard, 1994.

ÉPICTÈTE. *Manuel,* Paris, Flammarion, 1999.

FILLIOZAT, Isabelle. *Fais-toi confiance… ou comment être à l'aise en toutes circonstances,* Paris, Jean-Claude Lattès, 2005.

FILLIOZAT, Isabelle. *Que se passe-t-il en moi ? Mieux vivre ses émotions au quotidien,* Paris, Marabout, coll. « Poche Psychologie », 2006.

FRADIN, Jacques. *L'intelligence du stress : mieux vivre avec les neurosciences,* Paris, Eyrolles, 2008.

FRADIN, Jacques et Fanny FRADIN. *Personnalités et psychophysiopathologie*, Paris, Robert Laffont, 2004.

FRADIN, Jacques et Fanny FRADIN. *La thérapie neurocognitive et comportementale (TNCC)*, Paris, Publibook, 1992.

FRADIN, Jacques et Frédéric LE MOULLEC. *Manager selon les personnalités : les neurosciences au secours de la motivation*, Paris, Eyrolles, 2006.

FREDERICKSON, Barbara L. *Positivity*, Crown Archetype, 2009.

GANDHI, Mohandas. *Lettres à l'Âshram*, Paris, Albin Michel, 1980.

HANSON, Rick et Richard MENDIUS. *Le cerveau de Bouddha*, Paris, Les Arènes, 2011.

HERRERO, Marlène. *Vivre son adolescence autrement*, Paris, Jouvence, 2005.

HIRIGOYEN, Marie-France. *Le harcèlement moral, la violence perverse au quotidien*, Paris, Éditions La découverte et Syros, 1998.

JANSSEN, Thierry. *La maladie a-t-elle un sens ?*, Paris, Fayard, 2008.

JANSSEN, Thierry. *La solution intérieure, vers une nouvelle médecine du corps et de l'esprit*, Paris, Fayard, 2006.

JANSSEN, Thierry. *Le travail d'une vie*, Paris, Robert Laffont, 2001.

KABAT-ZINN, Jon. *Où tu vas, tu es. Apprendre à méditer pour se libérer du stress et des tensions profondes*, Paris, Jean-Claude Lattès, 1996.

LABORIT, Henri. *La nouvelle grille*, Paris, Robert Laffont, 1974.

LABORIT, Henri. *L'inhibition de l'action*, Paris, MASSON, 1979.

LABORIT, Henri. *Éloge de la fuite*, Paris, Gallimard éducation, 1985.

LORENZ, Konrad. *Das Sogenannte Böse, Zur Naturgeschichte der Aggression,* Harenberg, Verlag, 1963; traduction française: *L'agression, une histoire naturelle du mal,* Paris, Flammarion, 1969.

MCTAGGART, Lynne. *The Intention Experiment,* New York, Simon & Schuster, 2007; traduction française: *La science de l'intention.*

MEHRABIAN, Albert. *Nonverbal Communication,* Aldine Transaction, 2007.

MILGRAM, Stanley. *Soumission à l'autorité,* Paris, Calmann-Lévy, 1974.

MILLER, Alice. *Die Revolte des Körpers,* Suhrkamp, Franckfurt-op-Mein, Verlag, 2004; traduction française: *Notre corps ne ment jamais,* Paris, Flammarion, 2004.

National Geographic, « Votre cerveau en 100 questions insolites », hors-série « Sciences » n° 3, septembre 2013.

NAZARE-AGA, Isabelle. *Les manipulateurs sont parmi nous. Qui sont-ils ? Comment s'en protéger ?,* Montréal, Éditions de l'Homme, 1999.

READY, Romilla et Kate BURTON. *Neuro-linguistic Programming for Dummies,* Hoboken, Wiley Publishing, 2004; traduction française: *La PNL pour les nuls,* Paris, First, 2008.

RICARD, Matthieu. *Plaidoyer pour le bonheur,* Paris, Nil Éditions, 2003.

RINPOTCHÉ, Yongey Mingyour. *The Buddha, The Brain, and The Science of Happiness,* New York, Harmony Books; traduction française: *Bonheur de la méditation,* Paris, Fayard, 2007.

ROSENBERG, Marshall B. *Les ressources insoupçonnées de la colère. Approche de la communication non violente,* Paris, Jouvence, 2012.

ROSENBERG, Marshall B. *Les mots sont des fenêtres (ou bien ce sont des murs)*, Paris, Jouvence, 1999.

RUIZ, Miguel. *Les quatre accords toltèques : la voie de la liberté personnelle*, Paris, Jouvence, 2000.

SINGER Christiane. *Derniers fragments d'un long voyage*, Paris, Albin Michel, 2007.

SNOWDON David, Ph.D. *Aging with Grace : What the Nun Study Teaches Us About Leading Longer, Healthier, and More Meaningful Lives*, New York, Bantam Books, 2001.

TOLLE, Eckhart. *Stillness Speaks*, Novato, California, New World Library, 2003 ; traduction française : *Quiétude : à l'écoute de sa nature essentielle*, Outremont, Ariane, 2003.

VINCENT, Jean-Didier. *Voyage extraordinaire au centre du cerveau*, Paris, Odile Jacob, 2007.

ZEIG, Jeffrey. *A Teaching Seminar with Milton H. Erickson*, New York, Brunner/Mazel ; traduction française : *Un séminaire avec Milton H. Erickson*, Bruxelles, Satas, coll. « Le Germe », 1997.

ANNEXES SCIENTIFIQUES SUR LA GESTION DES MODES MENTAUX

FORNETTE, M.-P., C. LEFRANÇOIS, C. FRADIN, F. EL MASSIOUI et R. AMALBERTI. « How to help pilot cadets to be more adaptive and successful ? », communication présentée en ouverture, 29e European Association for Aviation Psychology (EAAP) Meeting, Budapest (Hongrie), septembre 2010.

LEFRANÇOIS, C. « Vers un nouveau modèle du stress et de l'adaptation : étude sur les élèves-pilotes de l'Armée de l'Air », thèse de doctorat de psychologie cognitive, Bourse CIFRE, Université Paris 8, Vincennes-Saint-Denis, Saint-Denis, mars 2009.

LEFRANÇOIS, C., C. MOGHAIZEL, M.-F. FORNETTE, R. AMALBERTI, J. FRADIN, et F. EL MASSIOUI. « Cognitive training program and performance in non-controlled situations : A study with student-pilots of the French Air Force », communication présentée en ouverture, 6e Congress of Behavioral and Cognitive Therapies (WCBCT) Meeting, Boston (États-Unis), juin 2010.

VAN DIJK, A. « Stress et adaptation », mémoire de master 2, recherche de processus cognitifs, Université Paris 8, Vincennes-Saint-Denis, Saint-Denis, 2008.

Table des matières

Suivez-nous sur le Web

Consultez nos sites Internet et inscrivez-vous à l'infolettre pour rester informé en tout temps de nos publications et de nos concours en ligne. Et croisez aussi vos auteurs préférés et notre équipe sur nos blogues !

EDITIONS-HOMME.COM
EDITIONS-JOUR.COM
EDITIONS-PETITHOMME.COM
EDITIONS-LAGRIFFE.COM

Achevé d'imprimer au Canada
sur papier Enviro 100 % recyclé